골든 리트리버 코난, 미국에 다녀왔어요

골든 리트리버 코난, 미국에 다녀왔어요

미국의 개 친구들을
찾아 떠난 모험 이야기

김새별 지음

이봄

트래블 도그 코난을 소개합니다

외모 골든 리트리버 소년.
골든 리트리버 중에서 가장 부드러운
황금빛 털을 가졌다(고 생각한다).

성격 온순 발랄. 수영을 좋아해, 한번 물에
들어가면 절대 나오지 않는다. 물놀이의
끝은 언제나 강제 연행. 공 집착증이 있고,
식탐이 많다. 분쟁을 싫어하는 평화주의자.
엄마가 형아, 누나에게 잔소리를 하면
즉시 출동해 만류하다 드러누워버린다.

특징 여행과 모험을 좋아하는 트래블 도그.
미국 17개 주, 6개의 국립공원을 여행했다.
가족과 개 친구들을 사랑한다.

가족 소개

코난 아빠
동물을 키워본 경험이 없지만 코난을
만나고 개바보가 됐다. 요즘 최대
관심사는 마라톤과 다이어트.

코난 엄마
꼼꼼한 듯 덜렁대고 대범한 듯 소심한
성격. 코난을 가슴으로 낳았다는 사실을
비밀로 간직한 채 살아가고 있다.

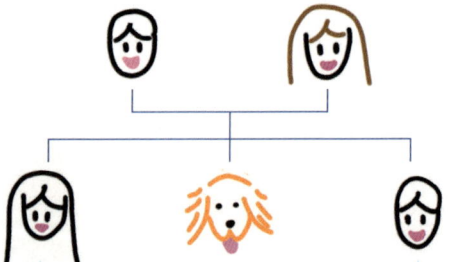

코난 누나 서연
여행과 모험을 좋아하는 긴 머리 소녀.
동물을 사랑하는 마음에 채식을
고려중이다.

코난 형아 진
쌍둥이 동생 서연의 4분 오빠. 원주율
π를 40자리까지 기억하는 똘똘이.
가장 좋아하는 만화는 〈명탐정 코난〉이다.

2015년 5월
박씨 가족 막내가 되다

생후 10주
형아 누나에 의해 조기교육이 시작되다

생후 4개월
수영 신동임이
드러나다

생후 8개월
질풍노도의 시기.
엄마 바짓가랑이를 물어뜯어
청바지를 반파시키기도

생후 9개월
SNS로 국제 개 교류를
시작하다

첫 돌!
형아 누나가 손수 만들어준
케이크를 먹다

두 살 반
미국 보스턴에 가다
불안과 기대 속에 모험이 시작되다!

프롤로그

코난과 함께 시작된
인생 모험

나의 또다른 삶은 그때 시작되었다.

보송보송한 '인절미 색 털뭉치'가 우리집에 들어온 그때, 내 인생은 완전히 바뀌었다.

깨끗했던 집은 개털 천지가 되었고, 후각은 마비가 되어 뻔뻔하게도 '우리 코난은 냄새 안 난다'고 말하기를 일삼고, 대화 소재는 유독 '개'로 편중되었으며, 저녁 회식 자리엔 웬만하면 불참하게 되었다.

그리고 그 녀석, 코난이 온 후 우리 가족은 단 하루도 집을 떠나지 못했다. 개와 함께 여행하자니 이동이 문제였고, 잘 곳, 먹는 문제도 고민이었다. 두고 가자니 믿고 맡길 곳이 없어 발길이 떨어지지 않았다. 여기까지는 흔한 이야기다. 집돌이, 집순이로 산 지 1년 반이 되던 어느 날, 뜻밖의 일이 벌어졌다. 국내 여행 1박도 떠나지 못했던 우리가 만 킬로미터나 떨어진 미국 보스턴에서 1년 동안 생활하게 된 것이다.

미국 생활은 코난으로 인해 시작부터 도전의 연속이었다.

큰 개를 데리고 비행기 타는 일, 집을 구하는 일, 어느 하나 만만한 게 없었다. 그런데 반전이 생겼다. 그 녀석 때문에 힘들 것 같았던 미국 생활이, 그 녀석 덕분에 오히려 수월해진 것이다. 연애 상대를 만나려면 개를 끌고 공원으로 가라는 말이 있을 정도로 미국에서 반려동물은 일종의 사교의 매개다. 코난을 데리고 있으면 사람들은 오래전부터 아는 사이인 것처럼 자연스럽게 말을 걸어왔다. 공통의 화제로 대화를 이어가다보니 금세 친구가 되었고 미국 전역에 소중한 인연을 두게 되었다. 코난은 외국 땅에서 생길 수 있는 낯섦, 외로움을 사교의 즐거움으로 바꾸어주었다.

우리는 코난과 함께 부지런히 아메리카 대륙을 누볐다. 보스턴에 있는 열한 달 동안은 주로 동부지역을 여행했고, 한국으로 돌아오기 전 3주간은 중서부 지역을 여행했다. 여정에는 그랜드캐니언을 비롯한 3대 캐니언과 옐로스톤, 요세미티 국립공원도 포함되었다. 이제 코난은 미국 17개 주를 누비며 약 54,800킬로미터를 여행한 자타공인 트래블 도그가 되었다. 이웃들은 코난에게 이렇게 말하곤 했다.

"미국 사람인 나보다 네가 미국을 더 많이 여행했구나!"

코난 때문에 가능한 비행기 여행을 피하려다보니 워싱턴 D.C.에 갈 땐 차로 하루에 열 시간을 이동하기도 했다. 여행중엔 텐트부터 캠핑카, 민박, 호텔까지 다양한 곳에 묵었다. 1년 동안 많은 개들과 견주들을 만났다. 나는 동·서부에서 조우한 개친구들의 특징과 이름을 일일이 다 기록해 두…고 싶었지만 게으른 성격상 그렇게 하지 못했다. 아마도 수백 마리? 아니 천 마리는 될 것 같다.

다른 나라 개는 어떤 환경에서 무얼 먹고 어떤 놀이를 하며 살고 있을까.

나의 '개 책 프로젝트'는 이런 단순한 호기심에서 시작되었다. 코난이 없었다면 그냥 지나쳤을 많은 사람들에게 질문을 던지고 이야기를 들었다. 그리하여 미국 개뿐 아니라 사람들의 생활과 문화까지 깊이 들여다보는 기회를 가질 수 있었다. 이 책은, 코난이 개 친구들을 찾아 떠난 모험 이야기이자, 개를 둘러싼 미국의 법과 의료 제도, 제반시설, 사람들의 인식을 생생하게 기록한 미국 개 문화 탐구서이다. 그리고 개와 인간이 함께 행복할 수 있는 길은 무엇인지, 그것을 위해 개인이, 사회가 해야 할 일은 무엇인지 곰곰이 생각한 1년의 기록이다.

수려한 글솜씨나 사진작가만큼의 전문적인 촬영 기술을 갖추지는 못했지만, 다큐멘터리 피디의 본분으로 열심히 발로 뛰어 현장을 취재하고 기록했다. 평일 취재는 주로 아이들이 학교에 간 사이에 이루어졌는데 어느 추운 겨울날, 아이가 열이 40도 가까이 올라 보건실에 누워 있다는 선생님의 전화에, 서둘러 인터뷰를 마무리하고 두 시간 거리를 달려 돌아간 적도 있다. 주말엔 온 가족을 끌고 취재원을 만나러 가기도 했다.

난생처음 전업주부로 가정을 돌보기로 해놓고 또다시 일을 벌인 엄마를 이해하고 응원해준 쌍둥이 진, 서연, 그리고 남편 박현수씨에게 고마운 마음을 전한다. 소중한 이야기를 기꺼이 공유해준 개 친구들과 보호자들, 특히 아낌없는 조언을 해준 보스턴의 매리와 잭, 린다와 해드웬 가족, 시애틀의 띠오 맘 주윤씨, 서부에서 따뜻하게 맞아준 L.A.의 소피, 샌프란시스코의 록산에게 무한한 사랑과 감사를 보낸다. 그리고 나의 엉뚱한 프로젝트가 책이라는 형식으로 세상에 나올 수 있도록 도와주신 이봄의 고미영 대표께도 고마움을 전한다.

이 책에 코난과 함께한 특별한 추억을 꾹꾹 눌러 담았다. 우리 가족이 살아갈 날들에 자양분이 될 것임에 틀림없는 이 추억들이, 개를 사랑하는 사람들에게 작은 영감을 줄 수 있다면 좋겠다.

4   트래블 도그 코난을 소개합니다
6   프롤로그 코난과 함께 시작된
                 인생 모험

코난의 미국 생활기

14   화물칸에 오르다
22   하늘을 날다
42   목줄을 풀어라
64   데이케어가 필요해
72   도그 비치를 가다
82   1박 2일 여행
96   훈련센터 입학과 중퇴
104   코난이 물렸다!
116   개들의 천국 도그 마운틴을 가다
126   97마리 황금 개들의 정모에 가다
134   코난, 캠핑을 가다

34   부록 개와 함께 비행기 타는 법
146   부록 개바보 가족 이야기

코난과 나의 미국 개 문화 탐사기

154
개 문화 탐사를 시작하며
다큐멘터리 '도시의 개'
그리고 효리의 힘

158   사고친 개에게도 변호사가 필요하다
166   대구껍질 간식으로 대박난 개 베이커리
178   개 재활센터의 사람들
188   노년의 개를 돌보는 사람들
200   발달장애 어린이들의 친구, 테라피 도그
208   개들에게 자유를 선사하는 휠체어 제작소
218   최소한의 인도주의 실천, 공짜 동물병원
226   개에게 책 읽어주기 프로그램

차례

코난의 친구집 방문기

- 232 모터사이클 타며 새 삶을 만끽하는 친구
- 240 할머니를 구한 세 다리의 영웅
- 250 테러 현장을 지킨 피트불 친구
- 260 평균 연령 80세 가족
- 272 열 살 디에고를 책임지는 든든한 친구들

코난의 미국 서부 여행기

- 278 보스턴을 떠나다
- 288 옐로스톤 국립공원 캠핑카 여행
- 306 서부 여행 중 동물보호소에 들르다
- 318 도그 프렌들리 호텔을 생각하다
- 326 네바다주 '불의 계곡'을 가다
- 332 SNS 개 친구들과의 캘리포니아 번개 모임
- 350 안녕, 샌프란시스코

- 366 에필로그 모든 생명이 함께
- 372 부록 개와 함께하면 행복한 곳
- 390 부록 트래블 도그 코난의 여정

코난의 미국 생활기

1

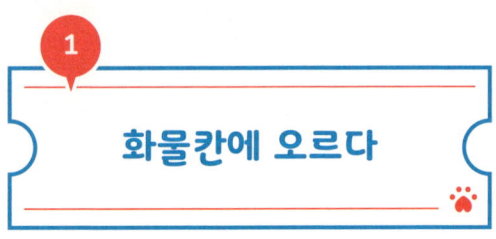
화물칸에 오르다

개 다이어트 소동

"개를 데려간다고?"

코난과 함께 미국에 가겠다고 하자 주변 사람들은 눈이 휘둥그레졌다.

"어디 맡겨두고 맘 편히 다녀오지? 근데, 개는 비행기를 어떻게 타?"

사실 나 역시 몰랐다. 대체 개가 비행기를 어떻게 타는지. 하지만 코난이 우리와 함께 객실에 탈 수 없다는 건 분명해 보였다. 골든 리트리버 코난의 몸무게는 37킬로그램. 초등학교 4학년인 쌍둥이 남매, 딸 서연이보다 많이 나가고 아들 진이보다는 조금 적게 나간다. 아무래도 살을 좀 빼야할 것 같았다. 32킬로그램이면 수화물 칸에 탈 수 있다는 이야기를 어렴풋이 들었던 터였다. 녀석을 위에서 내려다보니 허리가 없다. 가슴팍은 토실토실, 갈비뼈가 안 만져진다.

"어이구, 코난 못 본 사이 살이 많이 쪘구나."

산책중 래미 아버님을 만났다. 래미는 코난보다 한 살 많은 골든 리트리버인데, 40킬로그램이 넘는 큰 녀석이다. 오랜만에 본 래미는 날씬해져 있었다.

"래미가 많이 날씬해졌네요. 어떻게 뺐어요?"

"요새 다이어트 사료를 먹이고 있어요. 그리고 간식을 좀 줄였더니 빠지네요. 내가 빵을 워낙 좋아해서 같이 식빵 먹고 찐 살인데…."

집에서는 또 한 남자가 다이어트를 궁리중이었다. 10년간 대학병원에서 야근과 당직을 밥먹듯 해온 남편이다.

"미국 가면 젊은 애들이랑 같이 학교 다녀야 할 텐데 너무 둔해 보일 것 같아. 아무래도 살을 빼야겠어."

둘은 다이어트 공동체를 이루었다. 어차피 몸무게도 함께 재야 할 운명이었다. 코난은 사람이 쓰는 작은 체중계에 네 발을 딛고 설 수가 없기 때문에 남편이 안고 둘이 함께 몸무게를 잰 뒤, 거기서 남편 몸무게를 빼야 코난의 몸무게를 알 수 있었다. 두 남자의 몸무게 총합은 공개되지 않았다. 남편은 늘 뺄셈이 끝난 후의 코난 무게만 우리에게 알려주었다.

"애를 어떻게 다이어트를 시켜?"

아들 진이가 울상이 됐다. 다이어트가 못 할 일도 아닌데 말 못 하는 녀석의 살을 억지로 빼게 하려니 안쓰러웠나보다.

"살찌면 다리에 무리도 가고 안 좋아. 코난 건강을 위해서도 체중은 좀 줄이는 게 나아."

나는 우울해하는 쌍둥이를 달랬다.

항공사와 반려동물 운송업체에 연락하다

미국에 가게 된 경위는 이렇다. 방송국 피디 생활 20년째. 지방, 해외 출장에 밤샘 편집을 하는 세월이 이어졌다. 나는 안식년 휴직을 하고 1년 동안 온전히 주부로 살기로 했다. 교수인 남편 역시 연구년을 맞아 미국 동부의 보스턴에서 공부를 하기로 했다. 쌍둥이 아이들이 만 10세, 막내 코난이 우리 가족이 된 지 1년 반이 되던 때다.

사실 코난을 한국에 두고 가는 걸 생각해보지 않은 건 아니었다. 개를 매우 예뻐하는 분들이 운영하는 시설에 1년 동안 맡기는 건 어떨까? 하지만 그건 아주 잠시 내 머릿속을 스친 생각일 뿐이었다. 금쪽같은 동생 코난을 두고 미국에 가는 것은 쌍둥이에게 상상조차 할 수 없는 일이었다. 외출하려고 집을 나서서 엘리베이터를 타는 순간 '코난 보고 싶다!'라는 말이 튀어나오는 못 말리는 개 사랑꾼들. 코난을 두고 가는 건 마치 걸음마를 시작한 늦둥이를 떼어놓고 온 가족이 외국 생활을 하러 가는 것과 다름없는 일이었다. 더구나 세간의 계산법으로 따지면 녀석의 1년은 사람의 7년이 아니던가. 그 소중한 시간을 코난과 떨어져 지내는 건 있을 수 없는 일이었다.

그래, 함께 가자.

"코난 몸무게 좀 재줘."

"싫어. 무거워."

다이어트에 '차도'가 없자 남편은 예민해졌다. 수년에 걸쳐 찐 살이 그렇게 쉽게 빠질 리 없었다. 사실 급한 건 코난 쪽이었다. 석 달 동안 5킬로그램을 감량하는 것이 불가능한 일은 아니지만 그렇다고 쉬운 일도 아니었다.

한 달 후, 탄수화물을 줄이고 운동을 했어도 별로 변화가 없는 남편과 달리 코난은 2킬로그램이 줄어 있었다. 다이어트 사료를 주고 간식을 절제한 결과였다. 남은 시간은 두 달, 희망이 보였다. 그런데 항공사에 전화를 한 나는 기겁하고 말았다.

"제가 개를 데리고 미국에 가려고 하는데요. 개가 좀 커요."

"네, 고객님. 무게가 어떻게 되나요?"

"35킬로그램이에요."

"고객님, 위탁수하물로 가능한 무게는 32킬로그램(2017년에 45킬로그램으로 상향 조정)까지입니다. 이동장 무게랑 합해서요. 죄송하지만 불가능합니다."

가슴이 쿵 내려앉고 머릿속은 하얘졌다. 합해서 32킬로그램? 이동장인 켄넬kennel 무게만 20킬로그램이니 몸무게와의 합은 무려 55킬로그램이다. 내 목소리는 어느덧 떨리고 있었다.

"그럼 저희 개는 비행기를 탈 수 없는 건가요?"

"화물로 실을 순 있어요. 저희한테 직접 예약하실 수는 없고, 화물 운송 대행업체에 의뢰하셔야 합니다."

처음부터 다이어트는 부질없는 일이었다. 서둘러 반려동물 운송업체에 연락을 했는데, 그 회사는 미국 항공기를 이용하고 있었다. 운송업체는, 우리나라에서 보스턴까지 직항이 없기 때문에 샌프란시스코를 1차 기착지로 해 현지 애견 호텔에서 하룻밤을 묵고, 다음날 보스턴행 첫 비행기를 타는 여정을 추천했다. 샌프란시스코에선 현지 위탁업체가 코난을 돌본다고 했다. 비용은 편도 155만 원. 내 왕복 항공료가 200만 원이니 사람 운임의 1.5배, 위탁수하물 운송비용 20만 원의 일곱 배가 넘는 거금이었다.

여권 대신 건강진단서

"화물칸이라고?"

처음으로 자세한 상황을 전해 들은 쌍둥이는 놀라서 눈이 동그래졌다.

"걱정 마. 사람 타는 곳처럼 온도도 유지되고 컴컴하지도 않대."

"엄마, 미국 안 가면 안 돼?"

급기야 아들 진이 눈에서 주르륵 눈물이 흘렀다. 나 자신도 속이 까매질 정도로 걱정이 태산이면서 괜찮을 거라고 아이들을 달래는 상황이라니. 과연 코난이 켄넬 안에서 열 몇 시간을 잘 버틸 수 있을까. 마음이 무거웠다. 미국 항공사 기준에 따르면, 개가 켄넬 안에 똑바로 섰을 때 머리 위로 적어도 7센티미터가 남아야 한다. 눕고 서고 자세를 바꾸는 데 불편함이 없어야 하기 때문이다.

"미국 회사는 1센티미터라도 모자란다 싶으면 비행기에 안 실어줘요. 여유 있게 준비하셔야 합니다."

운송업체 직원이 말했다. 집에 있는 라지 사이즈 켄넬은 코난이 몸을 쭉 펴고 서면 어떤 때는 7센티미터, 어떤 때는 6센티미터가 남아 아슬아슬했다. 우리는 갖고 있던 켄넬을 중고로 팔아버리고 자이언트 사이즈를 구입해 훈련에 들어갔다. 맛난 간식을 이용해서 수시로 이동장 안에 들어가게 하고, 스스로 안에 들어갔을 때는 엄청난 칭찬과 함께 보상을 해주었다. 얼마간 훈련을 하자 코난은 자연스레 켄넬 안에서 쉬거나 낮잠을 자기도 했다.

서류 준비도 해야 했다. 우리나라에도, 미국에도 정부가 발행하는 공식적인 반려동물 여권은 없지만 검역을 위해 필요한 서류가 몇 가지 있다. 출국 날을 며칠 앞두고 동네 동물병원을 찾았다.

"영문 서류요? 한 번도 안 해봤는데."

영문으로 된 광견병 예방접종증명서와 건강진단서(비행기 탑승일을 기준으로 10일 이내의 것이어야 한다)를 요청하니 수의사는 무척 당황했다. 몇 시간 후 건강진단서를 받아든 우리도 당황했다. 코난의 건강상태 란에 쓰여 있는 말은 달랑 두 단어, '굿 헬스 Good Health.' 하기야, 무슨 말이 더 필요하랴. 수의사도 당황하게 만든 개와 함께하는 미국행. 우리가 뭔가 희한한 일을 꾸미고 있는 것은 틀림없었다.

출국 전날 밤, 딸 서연이가 수건을 들고 켄넬 안에 들어가 무언가

서연이는 코난을 끌어안고 켄넬 안에 누웠다

기원하듯 경건한 자세로 바닥과 벽을 닦았다. 코난은 '누나 뭐해?' 하는 표정으로 그 모습을 들여다보고 있었다. 우리는 집에서 쓰던 얇은 이불을 켄넬 바닥 넓이에 맞게 접어서 귀퉁이를 꿰맨 뒤 깔아주었다. 가족들의 익숙한 냄새가 녀석의 마음을 조금이라도 편안하게 해주기를 바랐다.

서연이는 코난을 끌어안고 켄넬 안에 누웠다. 코난을 안심시키기 위한 것이라고 했지만, 어쩌면 자신의 불안한 마음을 잠재우려는 하나의 의식이었는지도 모른다. 다음날 운송업체 직원이 집으로 찾아왔다. 이별의 순간, 우리는 코난이 동요하지 않도록 평소에 출근하고 학교 가듯 담담하게 인사했다.

"안녕, 이따 봐."

영리한 녀석은 아마 며칠 전부터 수상한 낌새를 차렸을 터였다.

하늘을 날다

코난, 잘 오고 있는 거니

코난이 샌프란시스코를 거쳐 보스턴으로 향하는 사이, 우리는 뉴욕행 비행기를 탔다. 뉴욕행 비행기를 선택한 건 코난 때문이었다. 우리나라에서 보스턴까지는 직항이 없어서 비행기를 한 번 갈아타야 하는데, 코난이 경유지에 내려 이제 고생 끝인가 느낄 때 다시 비행기에 태우는 일은 하고 싶지 않았다. 그래서 보스턴에서 가깝고 직항이 있는 뉴욕까지 같은 비행기를 타고 가서, 차를 렌트해 이동할 계획이었다. 결국 운송대행업체를 이용하면서 서로 다른 비행기, 다른 여정을 선택해야 했다. 코난과 같은 비행기로 변경하려고 했지만 이미 좌석이 꽉 차 예약을 할 수 없었다.

걱정은 더욱 커져만 갔다. 가족이 된 이래 처음으로 떨어져 지내는 밤. 녀석은 잘 오고 있을까. 우리를 원망하며 울고 있지는 않을까. 코난이 보고 싶다. 어쩌면 조금 이상한 일이다. 하지만 희한하게도 돌아서면 보고 싶다.

"난 밥 안 먹을래. 코난이 굶는데 우리만 밥을 먹을 순 없잖아."

비행기에 오르기 전부터 서연이는 비장한 표정으로 기내식을 먹지 않겠다고 선언했다. 동물들은 비행 중 구토를 할 경우 기도가 막힐 우려가 있어 탑승 몇 시간 전부터 금식을 시켜야 하니, 하루종일 굶을 코난이 가여워 고통을 함께하겠다는 것이었다.

"그래도 밥은 먹어야지. 비빔밥 맛있잖아. 그러지 말고 조금 먹어둬."

엄마의 강권에 기내식을 받기는 했지만 아이들은 아주 조금 깨작거리더니 숟가락을 놓았다. 열네 시간을 뜬눈으로 보낸 채 뉴욕 JFK 공항에 도착했다. 뉴욕에서 고속도로를 타고 약 네 시간, 보스턴에 도착한 건 미지근한 기운이 감도는 여름 저녁이었다.

보스턴의 도그 프렌들리 아파트

단독주택에 살면 아이들이나 코난에게 더없이 좋겠지만 보스턴은 눈이 많이 오는 지역이라 겨울에 눈 치우는 일이 만만치 않을 터였다. 그래서 우리가 선택한 집은 '도그 프렌들리dog-friendly 아파트'였다. 몇 년 전 정보 프로그램을 만들 때, 아파트에서 반려동물을 키우는 문제가 논쟁이 되어 다루었던 기억이 있다. 우리나라에서는 남에게 피해만 주지 않는다면 키우는 것은 각자의 선택이라는 공감대가 형성된 반면(실제론 여전히 찬반양론이 팽팽할 거라 생각하지만), 미국의 공동주택은 반려동물을 키울 수 있는 곳과 없는 곳으로 나뉘어 있다.

'개 친화적인' 4층짜리 아파트 마당에는 자그마한 야외 풀장이 있고 한쪽에 개 산책로가 있었다. 산책로 입구엔 언제든 쓸 수 있도록 응가 봉투가 마련되어 있었다. 집은 거실과 방 두 개, 그리고 다락방 형태의 로프트가 있는 곳인데, 넓지는 않지만 로프트 덕분에 천장이 높아서 시원한 느낌이 들었다.

"자 이제 풀어볼까?"

우리가 애지중지하며 모셔온 물건은 바로 코난의 배변판이었다. 녀석의 구수한 냄새를 품은 물건이기에, 좋은 애견 용품이 넘쳐나는 미국에서도 대체품을 구할 수 없는 귀중품이다. 배변판에 대해 말하자면 참으로 어처구니없는 일화가 있다.

미국에 오기 전, 우리집 거실 한가운데엔 떡하니 코난 화장실이 설치되어 있었다. 아기 코난이 우리집에 왔을 때, 비닐장판을 잘라 바닥에 크게 한 장 놓고 사방을 펜스로 둘러 고정시키고는 그 안에 배변판을 놓고 놀이 공간도 마련했었다.

배변판에 쉬를 하면 과장된 칭찬과 함께 까까를 수여했더니, 얼마 지나지 않아 코난은 실수하는 일 없이 정확한 위치에 쉬와 응가를 했다. 기특하기 그지없었다.

"어우, 녀석이 아무리 귀여워도 쉬 냄새는 정말 못 참겠다."

남편은 코난의 배설물 냄새를 유난히 못 견뎌했다. 현관 쪽 작은 화장실 안으로 배변판을 옮기고 싶었지만 그것은 모험이었다. 화장실을 옮기려면 최소 사나흘은 누군가 집에 상주하면서 지켜보고 실수할 경우 바로 치워줘야 하는데, 일하랴 학교 가랴 바빠 아무도 며칠 연속으로 녀석을 지켜볼 수 없었던 것이다. 만약 옮긴 화장실에 적응하지 못하고 아무도 없는 사이 거실에 쉬를 해 홍수가 난다면! 생각만 해도 끔찍했다. 이렇게 거실 한복판에 녀석의 화장실을 모셔두는 생활이 장장 1년 6개월이나 계속됐다.

이사를 했으니 코난의 화장실을 옮길 절호의 기회였다. 우리는 마치 아기가 태어나 처음 집에 오는 날을 준비하는 사람들처럼 맘이 설렜다. 화장실 한쪽에 한국에서 가져온 커다란 비닐장판을 깔고 살포시 배변판을 올려놓았다. 그리고 경건한 마음으로 기도했다.

'배변 재교육 성공 기원.'

새벽의 공항

다음날 새벽 5시, 우리는 서둘러 세수와 양치만 하고 부스스한 차림으로 공항으로 향했다. 긴장해서인지 다들 좀처럼 말이 없다. 보스턴 로건 공항 카고 62호. 6시 반, 코난이 이곳에 도착한다. 사실 새벽엔 30분이면 갈 수 있는 거리인데 마음이 급해 동이 트기도 전에 집을 나서버렸다. 공항 카고란 곳은 여태껏 가볼 일이 없던 생소한 공간이었는데, 커다란 철문이 여럿 달린 건물 안으로 들어가니 창구가 있었다.

"저희 개를 찾으러 왔는데요. 아직 도착 안 했죠?"

"비행기 착륙이 지연될 것 같아요. 도착한 후에도 수속하는데 시간이 걸리니까 여객 터미널에서 시간을 보내다가 한 시간 반 정도 후에 다시 오시죠?"

마음은 초조하기만 한데 착륙 지연이라니. 까치발을 들고 창구 뒤로 보이는 공간을 열심히 들여다보았다. 천장이 높은 창고 같은 공간. 동물들이 이곳을 거쳐 주인에게 인도되는 모양이었다. 비행기가 도착하고 켄넬을 꺼내 코난의 상태를 살피기 전까진 부상, 심지어 생사 여부조차 확인할 길이 없다. 한 시간쯤 후, 다시 들어간 카고에서 "깨갱, 컹컹" 개소리가 들렸다.

"코난 아니야?"

"아냐 엄마. 코난 목소리 아니야."

곧 한 남자가 블랙 래브라도 한 마리를 어깨에 들쳐 안고 나선다. '저 녀석은 무사히 도착했구나. 부럽다.' 그때, 창구 직원이 우리에게 서류를 건네며 말했다.

"코난 도착했어요."

잠시 후, 창고 문이 열리더니 항공사 직원이 바퀴가 달린 카트에 켄넬을 싣고 나왔다. 켄넬 벽에는 '라이브 애니멀Live Animal'이라 쓴 초록색, 붉은색 스티커가 잔뜩 붙어 있었다. 두근거리는 마음으로 안을 들여다보았다.

"코난!"

아이들이 먼저 외쳤다. 코난이다! 무사했구나, 잘 견뎠구나.

우리가 있는 걸 알아차리자, 녀석은 켄넬을 부술 듯한 힘으로 꼬

드디어 이산가족 상봉의 순간!

리를 흔들어댔다. 문을 열어 목줄을 매고 조심스레 밖으로 꺼내주었다. 다친 곳은 없는지, 발과 발톱, 몸을 눈에 들어오는 대로 살폈다. 드디어 이산가족 상봉의 순간!

그런데… 달려들어 안기기라도 할 줄 알았던 녀석은 어딘가 멍해 보였다. 우리를 투명인간 취급한 채 얼이 빠진 표정으로 이리저리 맴돌며 부산하게 킁킁 냄새만 맡을 뿐이었다. 알 수 없는 공간에 갇힌 뒤, 온통 낯선 냄새 천지인 땅에 내렸으니 어리둥절할 만도 했다. 그 순간, 한참 동안 '미국 냄새'를 맡도록 기다려주는 것 외에 우리가 할 수 있는 일은 없었다. 켄넬 안을 살펴보니 깔아주었던 이불은 의외로 깨끗했다. 쌍둥이는 양쪽에서 코난을 감싸 안고는 얼굴을 맞대고 눈을 감았다. 코난은 곧 웃는 듯한 표정을 지어 보이더니, 호기심 가득한 본래의 모습으로 돌아왔다. 기분이 아주 좋아 보인다.

'역시 가족들은 나를 버리지 않았어. 그런데 대체 여긴 어디지?'

슬슬 집으로 출발하려는데 문제가 발생했다. 차를 구할 때까지 쓰려고 빌린 SUV 트렁크에 켄넬이 들어가지 않았다. 분해해 겹쳐 실어 보아도 마찬가지였다. 결국 항공사에 몇 시간 동안 맡아줄 것을 부탁하고 남편이 우리를 집에 내려놓은 다음 다시 공항으로 가 켄넬을 가져왔다. 쉬운 일이 하나도 없었다.

이 구역은 내가 접수한다

"코난, 여기가 1년 동안 우리가 살 집이야. 냄새 맡아봐."

코난, 여기가 1년 동안
우리가 살 집이야. 냄새 맡아봐

아기 때 우리집에 온 이래 처음으로 거처를 옮기는 것이니 녀석에게 이사는 최초의 경험이다. 보스턴 집에 도착한 코난은 쿵쿵거리며 탐색을 시작하더니 현관부터 방 구석구석, 계단이며 로프트까지 살살이 훑고 거실로 내려왔다.

"배변판 기억나지? 냄새 맡아봐."

화장실로 유인해 배변판 뚜껑까지 들고 코에 대주면서 확인을 시키는데, 녀석은 코를 씰룩거리더니 거실로 나가버린다. 새집 탐색이 끝났나 싶을 무렵 코난이 갑자기 몸을 웅크리면서 뒷다리를 구부려 엉거주춤 쭈그려 앉는 자세를 취했다. 이제 이 구역은 내가 접수한다는 바로 그 신호였다!

"안 돼!"

나는 빛의 속도로 몸을 날렸다. 글러브를 끼지 않았을 뿐 그것은 분명 메이저리그 수비수의 속도와 자세였다. 1초의 지체도 없이 본능적으로 슬라이딩을 한 데는 이유가 있었다. 미국 집의 거실과 방바닥은 모두 카펫. 사태를 막지 못하면 비극적인 결과를 초래한다. '야, 이거 월세란 말이야!' 자세를 취함과 그것의 낙하 사이에는 약간의 시간차가 있다. 나는 그 미세한 시간차를 이용해 녀석의 엉덩이에, 정확히는 항문 바로 밑으로 손을 쑥 넣어 오목하게 받쳤다. 뜨끈하고 묵직한 그것이 '털썩!' 손바닥 위로 안전하게 착륙했다.

"세이프!"

착지 장면이 고속 카메라로 촬영되는 듯한 느낌이 든 건 일종의 직업병이었을까. 나는 바닥에 쓰러진 채 김이 모락모락 나는 작은 고구마 크기의 그것을 살포시 손에 쥐고 있었다. 다행히 단단했다.

"엄마! 어떻게 똥을!"

진이가 일그러진 표정으로 외쳤다. 서연이는 두 손으로 얼굴을 감싼 채 경악했다.

"뭐 어때서."

나는 그저 코난의 첫 아메리카 응가를 받아낸 사실이 감격스러울 뿐이었다.

개와 함께 비행기 타는 법

개와 함께 비행기를 타고 해외에 가는 일은 결코 쉬운 일이 아니다. 개는 몸 고생, 마음 고생을 할 수 있고, 견주는 온갖 준비 및 수속의 번거로움과 태산 같은 걱정을 견뎌내야 한다. 그럼에도 불구하고 사랑스런 녀석들과 함께 여행하는 것은 분명히 멋진 일이다.

비행 조건과 비용은 개의 체중에 따라 매우 다르다. 사랑스러운 반려동물을 '짐'으로 표현하고 싶은 마음은 추호도 없지만, 무게에 따라 취급되는 방식으로 나누자면, 소형견은 기내수하물, 중형견은 탑승 시 부치는 위탁수하물, 대형견은 화물에 해당한다.

국내 항공사 기준은 다음과 같다. 무게는 체중에 이동장 무게를 합한 값이다.

- 7kg 이하인 경우: 기내 반입
- 7kg 초과 32kg 이하: 위탁수하물로 탑재(요금 20만 원/ 200달러)
- 32kg 초과 45kg 이하: 위탁수하물로 탑재. 일부 국가에서는 운

송이 제한될 수 있음(요금 40만 원/ 400달러)

위 요금은 국내 2대 항공사의 미국 도착 기준으로, 도착지에 따라 요금이 다르다.

국내 항공사 홈페이지에는 다음과 같은 말이 있어 대형견주들의 마음을 덜컥하게 한다.

"45킬로그램을 초과하는 경우 여객기 운송이 불가합니다."

나 역시 홈페이지와 전화 안내에서 같은 말을 들어 가슴이 철렁 내려앉았다. 하지만 너무 절망할 필요는 없다. 정확히 말하면 운송이 불가한 것이 아니라, '화물'에 해당하므로 별도의 절차와 비용이 적용될 뿐이다.

국내 항공사는 45킬로그램이 넘는 경우, '반려동물 운송 대행업체'를 통해 수속을 하도록 하고 있다. 대행업체에 코난 운송을 의뢰했더니 화물 운송비와 수수료를 포함해, 미국 항공사 이용 시 대략 편도 150만 원, 국내 항공사 이용 시에는 200만 원 가량의 비용이 산정되었다.

미국 항공사의 경우 45킬로그램이 넘더라도 견주가 직접 수속을 할 수 있다. 인터넷을 통해 반려동물 운송을 예약하면 이메일로 기재해야 할 서류 및 주의 사항을 보내준다.

소위 '맹견'으로 분류된 일부 견종은 운송이 불가하고, 시추, 퍼그, 페키니즈 등 호흡기가 약하고 날씨 변화에 취약한 단두종은 7월초에서 9월말까지 운송이 제한되기도 한다. 각 항공사마다 시기 및 내용이 다르므로 항공사에 문의할 것.

국내 항공사 홈페이지의 반려동물 여행 안내
- www.koreanair.com/mobile/korea/ko/traveling/special-assistance/pets.html
- flyasiana.com/C/KR/KO/contents/traveling-with-pets

1. 비행기 예약

비행기표 예약을 하면서 반려동물과 동반함을 알린다. 온라인으로 예약했을 경우 예약번호를 받은 즉시 항공사에 고지한다. 비행기 한 대 당 운송 두수가 제한되어 있기 때문에 같은 비행기에 이미 다른 동물들이 여럿 예약되어 있으면 스케줄을 변경해야 하는 불상사가 생길 수도 있다.

2. 이동장 준비

소형견을 기내에 데리고 들어갈 경우, 천으로 만든 소프트 케이지가 허용되지만, 프레임이 있고 모양이 유지되는 것이어야 한다. 위탁 수하물이나 화물로 실리는 경우, 이동장은 나무·금속·플라스틱 등의 견고한 재질이어야 한다. 대형견의 경우 이동장 무게만 20킬로그램이 넘기도 한다.

3. 훈련

집에서 일상적으로 켄넬을 사용하지 않은 경우 켄넬을 미리 구입해 훈련에 들어간다. 강아지가 좋아하는 담요를 깔고, 간식을 넣어 들어가게 하거나, 스스로 안에 들어갔을 때 간식을 주어 칭찬하면서 이 동장에 대해 좋은 인식을 심어준다. 익숙해지면 스스로 안에 들어가 잠을 자기도 한다.

4. 서류 준비

간단히 말해 개의 미국 입국은 쉽고(괌, 하와이 제외), 한국 입국은 까다롭다. 미국으로 갈 때 필요한 서류는 ① 영문 건강진단서와 ② 광견병 예방접종 증명서다. 두 가지 모두 동물병원에 의뢰하면 되는데, 영문 건강진단서는 비행기 탑승일 기준 10일 이내의 것이어야 한다.

그런데, 우리나라 재입국에 대비해 준비해야 하는 것들이 있다. 외국에서 우리나라로 들어오는 반려동물은 마이크로칩 삽입이 의무화되어 있다. 마이크로칩은 세계 표준형 마이크로칩 ISO Standard이어야 하는데, 한국으로 돌아올 예정이라면 국내에서 삽입하고 출국하는 것이 편하다.

또, 우리나라에 들어올 때는 광견병 예방접종 증명서가 아니라 광견병 항체 증명서가 있어야 한다. 광견병 중화항체가 검사 Rabies Titer Test는 피검사를 통해 개의 몸에 항체가 어느 정도 남아있느냐를 검사하는 것이다. 항체는 0.5IU/ml 이상이 되어야 하며, 증명서는 2년간 유효하다. 따라서, 출국 후 2년 이내에 한국으로 돌아올 예정이라면 한국에서 증명을 받고 출국하는 것이 좋다. 이 검사는 동물병원을 통해 의뢰하면 되는데, 한국에선 2주 정도 후면 결과를 받게 되지만,

미국에선 이 검사를 행하는 곳이 캔사스 주립대 광견병 연구소^{Kansas State University Rabies Laboratory} 한 곳뿐이라 시간이 오래 걸린다. 미국에서 검사를 받으려면 최소 3~4개월 전에는 의뢰해두는 것이 좋다.

> **농림축산검역본부 홈페이지:** 개·고양이 수출, 수입 검역철자 자세히 안내
> www.qia.go.kr/livestock/qua/livestock_outforeign_hygiene_inf.jsp

5. 탑승 준비

위탁수하물이나 화물로 운송되는 경우, 개를 중간에 살필 수가 없으므로 신경을 많이 써야 한다.

① 이동장 바닥에 가족들이 사용하던 이불이나 담요를 깔아주는 것이 좋다. 가족들의 익숙한 냄새는 개들의 마음을 안정시켜주는 효과가 있다. 다만, 사고의 위험이 있으므로 장난감 등을 넣는 것은 금지된다.

② 물은 이동장 문 안쪽으로 물통을 달아 공급한다. 우리는 이동장 안에 물이 흐를까봐 구슬을 핥으면 물이 나오는 물통을 준비했었는데, 나중에 위탁업체에서 설치한 것을 보니 위가 완전히 뚫린 버킷 형태의 물통이 두 개 달려 있었다. 물이 흐르더라도 편안하게 충분히 물을 섭취할 수 있도록 하는 것이 중요하다.

③ 이동 과정에서 확인할 일이 생길 수도 있으므로 개의 정면 클로즈업, 옆면 전신사진을 이동장 위에 붙여두면 좋다.

④ 만일의 경우에 대비해 한 끼 정도의 사료를 지퍼백에 담아 이동장 위에 붙여둔다.

⑤ 이동중 구토를 할 경우 기도가 막힐 위험이 있으므로 탑승 직전에는 음식을 먹이지 않는 것이 좋다. 코난은 비행기 타는 날 아침부터 금식하고 공복했다.

⑥ 안정제나 수면제를 주면 편하게 비행하지 않을까? 체온과 호흡 유지에 문제가 생길 수 있어 금물. 항공사들도 약물이 투여된 동물 운송을 금지하고 있다.

6. 한국 공항에서

우선 티켓팅을 하기 전에, 공항 제 1, 2터미널에 설치된 동식물검역소로 가야 한다. 서류 검사, 마이크로칩 확인 후에 검역증을 받게 된다. 보통 원본과 복사본 두 장을 주는데, 검역증을 받아 항공사 체크인 카운터로 가면 복사본은 항공사에서 가져간다. 항공사 카운터에서 체크인을 하면 완료. 탑승시각 최소 세 시간 전에는 공항에 가야 무리 없이 수속을 마칠 수 있다.

반려견 운송 위탁업체를 이용할 경우, 전날 업체에서 찾아와 반려동물을 데리고 간다. 견주에게서 전달받은 서류로 검역 및 통관절차를 대행하고, 출발전 상황, 경유지에서의 상황을 사진으로 찍어 SNS에 올리거나 문자로 알려주기도 한다.

공항 내에 반려동물 쉼터(인조잔디로 만들어 놓은 화장실용 공간 등)

가 있으면 소형견은 기내에 탑승하기 직전까지 볼일을 볼 수 있어 편리한데, 안타깝게도 우리나라 공항에는 반려동물 쉼터가 없다.

7. 비행기 안에서

① 반려동물은 이동장 안에 있어야 하며, 지정된 공간 외에 무릎 위나 좌석 위에 둘 수 없게 되어 있다. 강아지와 편안하게 여행하기 위해 프레스티지석 좌석을 샀는데, 오히려 이착륙시 낭패를 본 경우도 있다. 일등석 및 프레스티지석의 경우 좌석 하단이 막혀 있어 견주의 좌석 아래 이동장을 둘 수가 없다. 따라서 활주 및 이착륙 시에는 승무원이 이동장을 가져가 옷장 등 다른 공간에 보관한다.

② 기내에서 승무원이 나눠주는 세관 신고서에 검역대상 물품이 있음을 기록한다.

③ 기내에서 이동장 밖에 나와 있는 개를 보았다면? 장애가 있는 견주를 돕는 서비스 동물 Service Animal이거나 미국의 ESA Emotional Support Animal 법에 의해 ESA로 인정된 개일 수 있다. 우울증이나 공황장애 등의 진단을 받은 견주의 감정적, 정신적 안정을 돕는 동물로 인정받은 경우 이동장 안에 두지 않아도 된다. 단, 미국 출발 혹은 미국 도착 노선에만 해당된다.

8. 미국 공항에 도착해서

세관 검사대를 통과하기 전에 동물검역관에게 반려동물(개·고양이)의 수출국 정부기관 증명 검역증명서를 제출한다. 화물로 운송했을 경우 해당 항공사의 화물 터미널로 가서 반려동물을 찾는다.

9. 그 외 특이사항

반려동물과 여행하는 데 있어 조건이 까다로운 나라들이 있다. 대개 영국, 일본, 호주, 뉴질랜드, 싱가포르 등 섬나라다.

① 싱가포르-최소 도착 30일 전에 검역 당국의 수입면허를 받아야 함.

② 영국-기내수하물이나 위탁수하물로 반입금지.

③ 일본-정부 승인 연구소에서 피검사를 실시하고 광견병 항체 관련 수치 기록, 피검사 이후 180일에서 2년 경과 필요. 조건을 충족하지 못하는 경우는 검역 시설에 180일간 계류.

조건이 까다로운 이유는 이 나라들이 광견병 청정지역이기 때문이다. 지금껏 한 번도 광견병이 발병한 적이 없기에 엄격한 관리를 한다. 해당 지역 여행을 계획한다면 더 여유있게, 더 철저하게 준비를 해야 한다.

광견병 비발생 지역 괌, 뉴질랜드, 덴마크, 독일, 벨기에, 스웨덴, 스위스, 싱가포르, 아랍에미리트, 아일랜드, 영국, 오스트리아, 이탈리아, 일본, 쿠웨이트, 포르투갈, 핀란드, 하와이, 호주, 홍콩 등 (각국 정부 사이트 참조)

3. 목줄을 풀어라

보스턴 거주견이 되다

아파트 사무실에 코난의 인적사항人的事項 아닌 견적사항犬的事項을 제출하니 목줄에 다는 동그란 인식표를 주었다. 이 아파트의 거주견이라는 일종의 신분증이다. 드디어 코난의 미국 생활이 시작된다는 실감이 났다. 이제 행정기관에 반려견 등록을 해야 할 차례다. 우리는 교육청에 아이들 학교 신청을 하기도 전에, 코난을 등록하러 시청으로 향했다.

담당자에게 코난의 정보를 기입한 등록 신청서와 광견병 접종 증명서를 제출했다. 등록비는 10달러. 등록과 함께 오프리시Off-leash 파크, 즉 목줄을 풀고 노는 개 공원 이용을 신청할 경우 총 60달러의 비용이 드는데, 등록은 한 번하고 끝나는 것이 아니라 매년 4월 1일을 기준으로 갱신해야 한다. 코난의 목줄에는 시 발행 고유 인식표 겸 도그 파크 허가증, 광견병 접종 증명, 아파트 주민증, 세 개의 메달이 주렁주렁 달리게 되었다. 등록번호 2568번. 코난은 이제 공식적으로 보스턴의 거주견이 되었다.

첫번째 탐사: 콜드 스프링 파크

내 개가 친구들과 구김살 없이 맘껏 뛰어놀기를 바라는 건 인지상정일 것이다. 그러기 위해선 친구도 필요하지만 공간도 필요하다. 그래서 목줄을 풀 수 있는 오프리시 도그 파크Off-leash Dog Park에 나의 관심이 집중되었다.

코난의 미국 생활기

보스턴 인근에만 무려 51개에 달하는 도그 파크가 있는데, 모두 입장료를 낼 필요가 없는 공공시설이다. 하루종일 목줄을 풀 수 있는 곳도 있고, 시간을 정해두고(이를테면 새벽부터 낮 12시까지) 목줄 푸는 것을 허용하는 곳도 있는데, 오전만 허용되는 곳은 대개 학교 옆 체육시설을 겸한 공원이다. 아이들이 학교에 간 시간엔 개들이 맘껏 놀고, 하교 후엔 어린이들이 편안하게 이용하도록 시간을 구분해 운영한다.

가장 먼저 탐사를 한 곳은 집에서 5분 거리에 있는 콜드 스프링 파크Cold Spring Park였다. 숲길을 따라 걷다보니 나무 밑에 'DOG WATER'라고 씌어 있는 커다란 생수통과 넓적한 물그릇이 눈에 띄었다.

"개들 마시라고 해두었나봐. 이 근처에 있나보다."

잠시 후 나무 틈 사이로 넓은 벌판이 나타났다.

"어디 한번 해볼까?"

두근거리는 마음으로 목줄을 풀어본다. 줄이 풀리자 코난은 무서운 속도로 내달리기 시작했다. 마치 몸과 마음속에 웅크리고 있던 무언가가 분출되는 것 같았다. 문득 생각해본다. 코난이 태어나서 이렇게 거침없이 내달렸던 적이 있던가. 처음 맛보는 진짜 자유! 개들이 인간과 함께 살며 따뜻한 잠자리와 먹을거리, 그리고 쓰다듬음을 얻은 대신 내놓아야 했던 질주 본능을 되찾은 순간이었다.

주위를 둘러보니 그 넓은 공원에 우리 가족 외엔 사람도, 개도 없다. 한여름의 주말 오후 3시, 한창 더울 때라 개들을 데리고 나오지 않는 모양이었다. 콜드 스프링 파크는 숲에 폭 파묻혀 있어서 자연 그

자체였지만, 한 가지 문제가 있었다. 둘레에 펜스가 없었다. 나머지 숲과 도그 파크를 구분해주는 건 약간 촘촘하게 서 있는 나무들뿐. 밖으로 연결되는 오솔길이 여러 개 있는데, 코난이 놀다가 다람쥐나 새에게 정신이 팔려 갑자기 달려가버리면 속수무책으로 놓칠 수 있는 상황이었다. 불안감이 들 무렵, 자유의 맛을 보던 코난이 갑자기 어디론가 달려가기 시작했다. 숲 쪽을 보니 한 아저씨가 개 두 마리를 데리고 지나가고 있었다. 공원에 같이 놀 개 친구가 없던 차에 얼씨구나 하고 따라가려는 모양이었다.

"코난, 이리 와!"

녀석은 들은 척도 안 하고 줄행랑을 친다. 문득 시청 홈페이지에 있던 도그 파크 이용 가이드라인이 떠올랐다.

'공원을 이용하는 모든 개들은 주인이 이름을 부르면 바로 반응해야 한다.'

어떤 상황이든 이름을 부르면 주인에게 달려올 수 있는 능력, 그것이 오프리시 파크를 이용하는 개가 갖춰야 할 기본 덕목이다. 남편은 코난이 사라진 방향으로 달려갔다. 나무가 우거져 이내 코난과 남편의 모습은 보이지 않았다. 문득 무서운 뉴스가 생각났다. 산에서 하이킹하다가 개를 잃어버렸는데, 그 후 몇 년 만에 극적으로 상봉했다거나, 결국 생이별을 했다는 안타까운 사연들. 잠시 후 남편이 30킬로그램이 넘는 녀석을 두 팔에 가득 안은 채 나타났다. 아빠에게 체포되어 늘어진 채 공원으로 돌아오는 녀석의 표정은 참 해·맑·다.

콜드 스프링 파크에서

두번째 탐사: 허너웰 파크

첫 자유의 경험을 한 콜드 스프링 파크는 숲이 우거지고 공간이 넓다는 장점이 있었지만, 천방지축 생기발랄한 코난을 풀어놓기에는 불안했다. 나는 아이들과 함께 또다른 공원 탐사에 나서기로 했다. 두 번째 찾은 곳은 허너웰 파크 Hunnewell Park. 고풍스러운 보스턴 대학 근처에 위치한 이 공원은 사방이 완전히 펜스로 둘러쳐져 있는 아담한 공간이었다. 등에서 식은땀이 날 정도로 아찔한 경험을 맛보고 나니 한눈에 들어오는 작은 규모가 오히려 마음에 들었다. 공원 안에 사람은 두 명인데 개가 예닐곱 마리나 되었다. 래브라도 리트리버부터 저먼 셰퍼드, 푸들, 골든 두들 등 종류도 다양했다.

"이 개들 다 키우시는 거예요?"

"아뇨, 저는 도그 워커예요. '빅 도그 워킹'이라고, 저희 회사가 바로 근처에 있거든요. 하루종일 맡아드리기도 하고 산책만 시키기도 해요. 시간 날 때 한번 들르세요."

말로만 듣던 도그 워커구나. 인터넷에서 본, 혼자서 한 번에 열 마리쯤 되는 개들을 산책시키는 모습은 장관이었는데. 잠시 후 또다른 도그 워커가 개 세 마리를 데리고 들어왔다. 이 공원은 일반 주민들도 오지만 도그 워커들이 많이 이용하는 듯했다. 공간이 좁고 완전히 통제가 가능한 곳이라 한꺼번에 여러 마리의 개를 관리하는 데 최적이었다. 문제는 잔디가 별로 없고 바닥이 흙으로 되어 있다는 점이었다. 한 번 놀고 나니 발바닥 사이사이, 다리며 배에까지 흙이 끼어 있어,

허너웰 파크에서

집에 돌아와 씻기는데 까만 물이 꼬질꼬질 나온다. 나갔다 오면 씻기긴 해야 하지만 매번 시커먼 물은 부담스럽다.

세번째 탐사: 뉴턴 센터 플레이그라운드

뉴턴 센터 플레이그라운드Newton Center Playground에 선뜻 가보고 싶은 마음이 들지 않았던 건 '플레이그라운드'라는 명칭 때문이었다. 분명히 옆에 놀이터가 있을 터인데, 어린아이들이 뛰어노는 옆에 개를 풀어놓게 되면 서로 불편한 일이 생기지 않을까 하는 걱정이 들었다. 그래도 첫번째, 두번째 공원이 각각 장단점이 있었고, '여기다!' 하고 결론을 내릴 수 없어 한번 가보기로 했다.

은행과 커피숍, 동네 서점 등이 아담하게 모여 있는 뉴턴 센터를 지나 메이슨 앤드 라이스 초등학교로 갔다. 학교 옆 잔디밭 비탈을 내려가니 나무로 둘러싸인 아늑한 공간이 보인다. 공원 한가운데에는 백 살은 되었음직한 커다란 나무가 한 그루 서 있고, 한 아주머니가 기다란 국자 모양의 포켓볼 발사기를 들고 블랙 랩 두 마리에게 연신 공을 던져주고 있었다. '척잇'이라는 회사의 이 도구는 허리를 구부리지 않고, 손을 더럽히지 않고도 공을 집어 던질 수 있는, 정말 기발한 아이디어 상품이다. 까맣고 윤기 있는 털을 가진 블랙 래브라도들은 주황색 공을 쫓아가 입에 물고, 침을 뚝뚝 흘리며 주인에게 돌아왔다.

"어서 와요! 처음 보는 것 같네요. 나는 수지라고 해요."

"안녕하세요. 저는 킴이에요."

연세가 60세 정도 되어 보이는 수지 아주머니는 운동복 바지에 플리스 상의를 걸친 편안한 차림이었지만, 어딘지 모르게 지적인 분위기를 풍기고 있었다. 수지는 보스턴의 명문 중 하나인 터프츠 의대에서 학생들을 가르치다 은퇴했다고 한다. 이 동네의 토박이라 애정이 있어서 그런가, 여기 오기 전에 다른 공원에도 가봤는지, 그중 어느 공원이 제일 좋았는지, 이 공원이 맘에 드는지 알고 싶어했다.

나는 콜드 스프링 파크는 너무 넓고, 허너웰은 검은 흙 때문에 조금 꺼려지고, 지금까지는 이 공원이 최고라고 이야기해주었다. 수지의 입가에 흐뭇한 미소가 지어졌다. 아주 크지도 작지도 않은 적당한 규모에, 펜스가 없는 곳치고는 코난이나 다른 개들이 도그 파크의 범

 찾았다! 주거래 공원

주를 벗어나지 않아 안심이 되었다. 나는 당분간 이 공원을 '주거래 공원'으로 삼기로 했다.

도그 파크에서 만난 사람들

다음날 아침 다시 공원을 찾았을 때, 코난은 차가 멈춰 서자마자 흥분을 주체하지 못하고 빨리 내리자며 난리였다. 차에서 내려주자 강하게 목줄을 당기며 공원 쪽으로 돌진하는 바람에 나는 그만 코난에게 매달려 날아가는 신세가 되고 말았다. 녀석은 이제 여기가 어딘지 아는 것 같았다. 공원에 들어서니 오늘도 역시 연신 공을 던지는 수지 옆에 비슷한 또래의 아주머니가 검정과 회색 털이 섞인 개를 목줄을 한 채 데리고 서 있다. 수지는 나에게 그녀를 소개했다.

"내 친구 세라예요. 이쪽은 킴."

"안녕하세요, 우리 개 이름은 세이블이에요. 일곱 살."

세라가 자기 개를 소개했다. 그리고 나서 우리 개 이름은 뭔지, 집은 어딘지, 언제 미국에 왔는지, 왜 이 지역으로 오게 되었는지, 남편은 뭘 하며 아이들은 어느 학교에 다니는지, 방과후 활동은 하는지 등에 대해 물었다.

"애들 운동은 뭐해? 시에서 운영하는 테니스? 그거 우리 애들도 어릴 때 했었지. 수업료도 저렴하고 참 좋아."

미국 사람들은 타인의 사생활에 대해 잘 묻지 않는다더니 이 애견인 아주머니들은 참 자세히 묻고 자기들 이야기도 자세히 늘어놓는다.

"그런데, 세이블은 왜 공원에 와서 목줄을 하고 있어요?"

"얘는 몸을 잘 안 움직이는 편인데, 글쎄 희한하게도 목줄만 풀어놓으면 어디론가 달아나버려. 놀란 게 한두 번이 아니라니까. 누군가는 그러더라고. 이 녀석한테 허스키 피가 섞여 있어서 야생의 기운을 주체하지 못하는 거라고."

"아이고, 너무 안타깝네요. 이렇게 좋은 공원을 집 앞에 두고 목줄을 못 풀다니."

"누가 아니래? 운동은 시켜야 해서, 요기 숲길 쪽으로 목줄 매고 살살 걷는 게 전부야. 한번 같이 가볼래?"

우리는 공원 둘레로 난 숲길을 따라 천천히 걸었다. 친구와 나란히 걷는 산책은 코난의 사회화에도 도움이 되는 일이라서 좋았다.

세라는 공원 앞에 살고 있어서 도그 파크 주변에서 일어나는 일들을 소상히 알고 있었다. 한번은 밤 12시가 넘어, 누군가 쿠퍼라는 개 이름을 마구 외치는 소리를 들었다고 한다. 개 키우는 사람이라 남 일 같지 않아 밖으로 나와보니, 예상대로 개를 잃어버린 거여서 함께 찾아 돌아다녔는데, 실패하고 집으로 돌아와 잠이 들었단다. 그런데 새벽 3시쯤, "쿠퍼를 찾았어요! 감사합니다!"라고 외치는 소리를 잠결에 들었다는 것이다. 세라는 그제야 안도하고 깊은 잠을 잘 수 있었다며 미소 지었다. 개를 중심으로 움직이는 도그 파크에선 개와 그 주인을 둘러싼 많은 일들이 일어나고 있음이 분명하다.

"이 공원은 참 희한해. 어떤 날은 나 혼자 나와 있고, 또 어떤 날은 개가 열 마리도 넘게 나와. 매일이 참 달라."

세라가 말했다. 그날은 못 보던 개와 견주가 여럿 있었는데, 그중 하나가 데이비드 할아버지였다. 베이지색 털의 골든 두들을 데리고 왔는데, 개가 할아버지 주변에서 벗어나 멀리 가버리자 할아버지가 목소리를 높여 불렀다.

"찰리! 어디 가냐. 어서 돌아와! 아니, 참, 브랜디." 그러더니 잠시 후, "찰리! 노, 노, 노, 브랜디" 이러는 것이다.

호기심이 발동했다. "그런데 데이비드, 개 이름이 뭐예요? 찰리? 브랜디?"

그가 머리를 긁적이며 말한다. "내가 머리가 어떻게 됐나봐. 찰리는 오래전에 내가 키우던 개 이름이고, 브랜디는 내 손주 개거든. 찰리는 오래전에 죽었는데… 자꾸 찰리란 이름이 튀어나와서 말이야."

찰리는 할아버지가 처음이자 마지막으로 키웠던 개였다고 한다. 결혼한 뒤 자식처럼 키웠던 찰리는 10년을 부부와 함께 살다 무지개다리를 건넜단다.

"이제 언제 어떻게 될지 모르는 나이라 내 개를 키우는 건 더이상 못 할 것 같아. 대신 손주가 키우는 개를 가끔 돌봐주는데, 글쎄 자꾸 찰리라고 부르고 있으니 말이야."

첫사랑의 이름, 몸과 마음에 익어서 70세가 넘은 지금도 자동으로 흘러나오는 그 이름, 찰리. 그 순간 데이비드가 외쳤다.

"찰리! 이리 와! 아니 브랜디…."

"하하, 제가 들은 것만 세번째예요!"

내가 놀리듯 말했지만, '데이비드 할아버지의 착각'은 도그 파크 나날의 가장 따뜻한 기억으로 남아 있다.

도그 파크는 누가 지키나

시청에 오프리시 파크 이용을 신청할 때 등록한 개들만 공원을 이용할 수 있다는 안내가 있었지만 공원에서 등록 여부를 검사하는 걸 본 적도, 관리하는 사람과 마주친 적도 없다. 그렇다고 해서 공원 관리가 허술했던 것은 아니다. 응가 봉투함에는 늘 봉투가 채워져 있었고, 쓰레기가 굴러다니거나 쓰레기통이 넘치는 일도 없었다. 딱 한 번, 어느 날 아침에 공원에 가보니 100개쯤 되는 테니스공이 뿌려져 있었다. 아마도 테니스 수업하는 곳에서 조금 망가진 공을 개들에게 기부라도 하듯 놓고 간 모양이었다.

"이 녀석들한테는 천국이나 다름없네요!" 옆에 있던 견주가 말하고 내가 끄덕이는 사이 한 아주머니가 말했다. "꼭 좋은 건 아닌 것 같아요. 같이 정리해서 쓰고 싶은 사람은 가져다 쓰게 하죠." 하늘에서 떨어진 행운에 사람들의 반응은 각기 달랐지만 함께 주섬주섬 공을 모았다.

우리 동네의 공원들은 대형견, 소형견의 구역이 구분되어 있지 않았다. 공간이 워낙 넓어서 친구들과 어울리고 싶으면 공원 한가운데서 뒤엉켜 놀기도 하고, 견주나 개가 따로 조용히 놀고 싶은 날엔 한쪽에 자리를 잡고 오붓하게 공놀이를 하며 놀기도 했다. 한번은 코난이 개들 무리에 들어가자마자 갈색 포인터로 보이는 녀석이 으르렁대며 달려들어서 놀란 적이 있다. 반가움이 아닌 공격의 표현이었다. 그런 행동이 두어 번 반복되었다.

"저 자식이!"

위험해 보였지만, 바로 남의 개를 나무라기도 뭐해서(아이들 문제와 똑같다) 개입해야 하나 말아야 하나 난감했는데, 견주가 큰 소리로 으르렁거리던 녀석을 불러 공원 밖으로 끌고 나갔다. 만약 주인이 바로 나서지 않았더라면 서로 얼굴 붉히는 일이 발생했을지 모른다. 공원 관리의 책임은 관공서에 있다고 하더라도 기본적인 운영은 주민의 자발적인 참여로 이뤄지고 '펫티켓'도 스스로 지키는 분위기였다.

목줄 풀기 허용하느냐 마느냐

미국의 도그 파크 운영이 처음부터 평탄했던 것은 아니었다. 많은 논쟁과 다툼이 있어왔고, 지금도 계속되고 있다. 매사추세츠주의 아메리칸 인터내셔널 대학에서 정치학을 연구하는 줄리 월시$^{Julie\ Walsh}$ 교수에 의하면, 90년대 중반부터 15년 사이 수백 개의 견주 단체가 미전역에 생겨났다고 한다. '피곤한 개가 행복한 개'라는 말은 개 부모들에게 새로운 명제가 되었다. 지자체들이 목줄 규제를 강화하자 개들의 운동과 사회화를 위한 공간을 지키기 위해 견주들이 나섰고, 그 결과 90년대 중반 25개에 불과하던 도그 파크는 2010년에 1,600

여 개로 증가한다. 견주들의 놀라운 힘이다.

월시 교수는 저서 『목줄 풀린 분노: 도그 프렌들리 공원을 위한 정치적 투쟁 Unleashed Fury: The Political Struggle for Dog-friendly Parks, 2011』에서, 공원에서 목줄 풀기를 허용하느냐 마느냐의 문제는 미국 사회에서 낙태나 총기 문제처럼 전형적인 크로스 커팅 이슈(여러 영역에 걸쳐 고려되어야 하는 이슈) 중 하나라고 말한다. 사람들은 이 문제에 대해 당파를 초월해 투표할 것이고, 결과적으로 견주들은 정치적 영향력을 갖게 될 가능성이 있다고 했다.

일부러 먼 곳을 찾아가 돈을 내고 노는 시설이 아닌 집 근처 공공시설이 우리에게도 필요하다. 그것은 개를 위한 것일 뿐만 아니라 사람을 위한 일이기도 하다. 개들이 자유로운 공간에서 사회화되면 문제행동은 줄어들 것이고, 서로 어울려 이야기를 나누는 과정에서 견주들의 의식도 성숙할 것이다. 자연히 개를 키우지 않는 사람들이 느끼는 불편함도 줄어들 것이다. 애견카페에서 지역 중심의 사교, 커뮤니티가 형성되기는 힘들다. 모두에게 열려 있는 공원이야말로 견주들이 서로 사귀고 지역의 이슈를 논의하는 중요한 공간이 될 것이다. 동물의 권리를 보장하는 일은 인간의 권리를 침해하는 일이 아니다.

도그 파크에서 보낸 행복한 스노우 데이

스노우 데이에 휴교령이 내리면 우리는 언제나 도그 파크로 달려갔다.

썰매 코치 코난. "형아, 쭉쭉 가야 해."

데이케어가 필요해

집에 손님이 오는 날엔

나는 미국에선 일을 하지 않았기 때문에 코난과 많은 시간을 함께 보낼 수 있었지만, 그래도 개를 돌봐주는 데이케어 서비스가 필요할 때가 있었다. 우선은 집에 손님이 올 때다. 개를 좋아하는 손님이 올 때는 괜찮지만, 그렇지 않은 경우 코난을 돌봐줄 곳이 필요했다. 처음 데이케어 시설을 이용한 건 쌍둥이의 친구들이 집에 놀러오기로 한 날이었다. 전날, 서연이가 말했다.

"엄마, 매리가 코난 보고 싶대."

가라데와 수영을 즐기는 씩씩한 매리는 사실 개보다 고양이를 좋아하는 '캣 퍼슨cat person'이었다.

"어쩌지? 론이 알레르기가 있대."

놀러오는 친구들 중 유태인 쌍둥이 엘리와 론 형제가 있었는데, 한 녀석이 개, 고양이 알레르기가 있다고 했다. 몇 년 전 개가 있는 친구

집에서 자고 온 적이 있었는데, 온몸이 가려워지면서 눈이 야구공 만하게 부풀었다고 했다. 미국 아이들은 우리나라 아이들에 비해 알레르기가 많아서 학교에서 도시락이나 간식을 친구와 나눠먹는 것조차 금지되어 있다. 음식뿐 아니라 개나 고양이, 심지어 크리스마스트리용 생나무에 알레르기가 있는 경우도 있으니 방심하면 큰일이 난다.

데이케어와의 첫 만남

"안녕 코난! 정말 멋진 골든이네요."

코난은 낯선 곳의 냄새를 맡느라 이리저리 코를 갖다 대며 분주했다. 강아지 호텔링과 데이케어 서비스를 하는 푸치 호텔Pooch Hotel에 도착해 준비해온 서류를 냈다. 미국의 데이케어 시설에서는 대개 광견병, 디스템퍼 접종증명을 필수로 요구하고, 일부는 보데텔라 접종증명과 1년 단위의 피컬 테스트(대변 검사) 결과까지 요구한다.

한국의 애견카페나 호텔에선 아직까지 접종증명을 요구하는 경우를 본 적이 없는데, 미국에선 정기 접종을 해야 하는 주사의 경우, 기한이 만료되었는지까지 일일이 확인을 하니 조금 귀찮기도 했다. 하지만 여러 개들이 섞여 있는 상황에서 치명적인 감염이 생기지 않는다는 보장이 없으니, 나의 개의 안전을 위해서 접종 확인은 꼭 필요한 일이다. 코난의 각종 증명서를 파일로 저장해두고 새로운 시설을 이용할 때마다 메일로 보내니 그리 성가신 일도 아니었다.

푸치 호텔은 각자의 방 이외에 두 개의 실내 놀이터가 있어 정해

뉴햄프셔의 데이케어 시설

진 시간 동안 개 친구들과 뛰어논 후, 방에 들어가 휴식을 취했다가 다시 놀이 시간에 나와 노는 시간표로 짜여 있었다. 휴대폰에 앱을 깔면 놀이터의 모습을 실시간으로 지켜볼 수도 있었다. 아쉬운 점이 있다면 모든 시설이 건물 안에 있어서 야외활동을 할 수 없다는 것이었다. 직원들은 친절했고 코난은 그곳 분위기가 마음에 들었는지 예쁜 직원을 따라 쓰윽 들어갔다.

"코난 없어요? 보고 싶었는데."

놀러온 친구들은 실망한 기색이 역력했다. 심지어 알레르기가 있다는 녀석은, 10분에 한 번씩 약을 먹으면 된다며 너스레를 떨었다. 나는 주변 사람들이 코난이 바다를 건너 미국까지 온 사실을 신기해할 때마다, 비행기를 두 번이나 타고 보스턴까지 온 무용담을 들려주곤 했는데, 놀랍게도 아이들 친구 중에 코난을 능가하는 국제견을 키우는 아이가 있었다.

"저희 개는 프랑스, 스페인에도 살았어요. 미국이 세번째 나라예요. 글쎄 비행기를 네 번이나 탔지 뭐예요."

아이린은 텍사스에서 태어난 스페인계 미국인이다. 가족이 키우던 개가 늙어서 무지개다리를 건너자, 아이린의 엄마 누리아는 무척 상심했다고 한다. 그래서 프랑스에 살고 있던 외할머니가 딸을 위로하기 위해 자신이 키우던 바셋 하운드 칸델라를 미국으로 보내주었다. 이후 아이린 가족은 스페인으로 건너가 3년을 살다가 다시 보스턴으로 영구 이민을 왔다. 그러니까 칸델라는 프랑스 파리-미국 텍사스-스페인 마드리드-미국 캘리포니아(경유)-미국 매사추세츠까지 무려 네 번의 비행을 한 셈이다.

"마지막 비행 때는 열두 살이었거든요. 가족들이 엄청 걱정했는데 다행히 보스턴까지 잘 왔어요."

칸델라는 현재 열네 살. 약간 과체중이지만 건강하다고 한다. 네 시간에 걸친 놀이가 끝나자 아이들은 하이파이브를 한 뒤, "다음엔 코난 꼭 보여줘!" 하고 각자 자기 엄마 차에 올라탔다.

우리는 코난을 데리러 푸치 호텔로 향했다. 카운터의 직원이 봉투 하나를 건네주었다.

"코난 사진이에요. 그리고 여기, 오늘 어떻게 지냈는지 스태프가 적은 메시지입니다. 사회성이 좋아서 친구들과 잘 놀았어요."

마치 아이가 어린이집에 처음 갔던 날 활동수첩을 받은 것 같은 기분이 들었다. 봉투 안엔 놀이터에서 다른 개들과 노는 코난 사진 여섯 장이 들어 있었고, 엽서 크기의 종이엔 코난이 피파라는 이름의 포인터, 데이지라는 골든 리트리버와 잘 어울렸다는 내용이 적혀 있었다. 처음 간 시설에서 하루를 어떻게 지냈을지 궁금해하는 보호자에게 사진과 편지를 전달하는 서비스는 감동적이었다. 고맙다며 계산을 하려는 순간 들려온 직원의 한마디.

"돈은 안 내셔도 돼요."

푸치 호텔에서 건네준 사진과 편지

워싱턴 D.C.에 갔을 때 코난을 맡겼던 데이케어 시설

"네?"

"첫 방문은 무료입니다."

공짜! 기쁘다. 장기적으로 고객 확보를 위한 마케팅 전략이라고 할지라도 기쁜 건 기쁜 거다. 다른 한 곳도 시험적으로 가보려던 차에, 바로 다음주에 있을 손님 초대에 대비해 그 자리에서 예약까지 마치고 코난과 함께 푸치 호텔을 나섰다. 나에게 두번째 예약을 이끌어 냈으니 그들의 첫 회 무료 전략은 성공한 셈이다. 이후엔 '투린 펫 리조트 앤드 스파Toureen Pet Resort and Spa'라는 보스턴 최초의 데이케어 시설을 알게 되어 이용했다. 1926년에 설립되어 3대에 걸쳐 운영되고 있는 이곳은 동물병원까지 갖추고 있다. 시설이 깨끗하고 아담한 야외 놀이터도 있어 코난이 한결 즐겁게 하루를 보낼 수 있는 곳이었다.

모두의 행복을 위해 가끔은 데이케어 서비스

데이케어 서비스는 여행지에서도 유용하다. 어떤 여행지는 코난을 데려갈까 말까 고민이 되기도 했지만, 이런저런 제약이 따르더라도 코난과 함께하는 여행이 훨씬 행복했기 때문에 배를 타는 여행 딱 한 번을 제외하고는 미국에 있는 동안 모든 여행을 함께 다녔다. 같이 묵을 숙소만 있다면 개와 함께 여행하는 데 일차적인 문제는 없다. 하지만 스포츠를 즐기거나, 미술관이나 박물관을 관람할 때, 그리고 현지에서 식사 약속이 있는 경우 잠깐씩 개를 맡길 곳이 있으면 여행은 훨씬 충실해진다.

뉴햄프셔의 겨울 여행 땐 스키를 타는 동안 데이케어 서비스를 이용했고, 기념관이나 박물관 관람 등 실내 활동이 많은 워싱턴 D.C.에서도 한나절씩 코난을 맡겼다. 애리조나의 그랜드 캐니언 하이킹 코스에는 개 출입이 허용되지 않았기 때문에 가정집 데이케어를 이용하기도 했다.

이용료는 대개 네 시간 이내이면 20달러, 하루종일 맡길 경우 30달러 전후다. 견주의 의욕뿐 아니라, 제반 시설이 갖춰져 있어야 가벼운 마음으로 개와 함께 여행을 떠날 수 있다. 우리나라에도 애견호텔은 점차 늘고 있지만, 믿고 맡길 만한 데이케어 시설은 찾아보기가 힘들다. 데이케어 서비스가 잘 자리잡는다면 개들의 사회화에도 도움이 될뿐더러, 개를 키우면서 경험하는 여러 가지 제약을 해결할 수 있다. 업체의 관리가 철저해야 하는 건 물론이다. 육아를 하더라도 조부모 손길이나 어린이집의 도움이 필요하듯, 육견育犬에도 가끔은 도움이 필요하다.

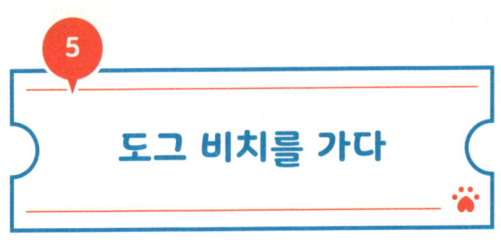

 도그 비치를 가다

매사추세츠주 북쪽 항구 록포트를 거닐고 있을 때였다. 코디란 이름의 콜리와 코난을 인사시키며 자연스레 이야기를 나누게 되었는데, 코디 엄마가 도그 비치 이야기를 꺼냈다.

"맨체스터 바이 더 시에 가보셨어요? 저흰 피보디에 사는데 거기서 가깝거든요. 지금 시기엔 해변에서 목줄을 풀고 놀 수 있어요."

"정말요? 목줄 풀어도 돼요?"

"그렇다니까요."

동부 사람들의 이런 소박한 대화를 서부해안 사람들이 듣는다면 아마도 코웃음을 칠 것이다.

"서부엔 개들이 뛰어놀 수 있는 비치가 수두룩하답니다. 캘리포니아에만 수십 곳이 있는 걸요"라며 대수롭지 않은 듯 말할 것이다. 맨체스터 바이 더 시Manchester-by-the-Sea의 싱잉 비치Singing Beach에 처음 간 건 최고기온이 0도 전후였던 2월 어느 날이었다. 해변에 도착해 바로 앞의 주차장이 텅텅 비어 있어 주차를 하고 코난을 내리게 하는 사이, 경찰차가 다가왔다.

"딱지 떼고 싶어요?"

"네?"

"여긴 주민 전용 주차장이에요. 구석에 몇 개 있는 외부인 자리는 벌써 다 찼고요. 저기 봐요. 외부인 주차 자리 나길 기다리느라 빙빙 도는 차 보이죠? 주민 이외에 주차하는 차는 딱지 뗍니다."

자리도 넉넉하구만 야박하기는. 법은 법이니 바로 꼬리를 내리고 최대한 순진한 표정으로, "아 예, 몰랐어요" 하고는 얼른 코난을 다시 차에 태웠다.

"조금 내려가면 비치 스트리트에 두 시간 한정 무료 주차장이 있어요. 거기 세우면 될 거예요." 고맙네요. 퉁명스럽게 딱지 떼고 싶으냐며 다가와서는, 대안까지 주고 가시니. 경찰이 알려준 스트리트 주차장에서 해변까지는 꽤 걸어올라가야 했지만, 어차피 놀이 삼아 나온 길이니 참아보기로 한다.

코난은 보통의 골든 리트리버가 그러듯 물을 굉장히 좋아한다. 수영을 처음 시도한 건 생후 4개월, 동네 개 수영장 '개떼 월드'에서였다. 처음엔 무서웠던지 주저하더니, 꼬리 쪽을 잡아주자 금세 두둑한 앞발을 저으며 신나게 개헤엄을 쳤다. 그리고 곧 물속으로 풍덩 다이빙까지 했다.

"수영 신동인가봐!"

그때 함께 물에 들어가 코난을 바라보던 쌍둥이의 표정이 잊히지 않는다. '얘가 내 개예요. 내 동생이에요.' 자랑스러움이 가득한 얼굴이었다.

대서양을 누비다

파란 하늘 아래 펼쳐진 대서양. 날씨는 쌀쌀했지만 햇살이 반짝였다.

"레디, 고!"

목줄을 풀자 코난은 모래사장을 가로질러 드넓게 펼쳐진 바다에 첨벙첨벙 발을 담갔다. 흰색, 금색, 갈색, 검정 털을 가진 녀석들이 삼삼오오 몰려다니기도 하고 펄쩍펄쩍 뛰면서 파도와 장난을 치기도 한다. 분명히 눈앞에 펼쳐진 건 그저 바다, 그리고 동네에서도 보던 개들인데, 아름다운 바다와 자유를 얻은 개들이 어우러지면서 신비한 기운을 뿜어낸다. 그 모습을 눈에 담으면 심장과 폐, 마음까지 정화되고 감탄사가 절로 나온다. 아, 좋다!

첫 바다 수영! 이대로 나아가면 코난은 유럽에 닿을 대서양을 누빈 것이다. 섭씨 0도 전후, 이런 날씨에 해변에 나와 있는 사람은 99퍼센트가 견주들인데 가끔 개 없이 산책을 나온 동네 사람도 있다. 코난이 파도를 넘나드는 모습을 지켜보던 한 아주머니가 말했다.

"마치 방금 교도소에서 풀려나 자유를 얻은 것처럼 행복해 보이

네요."

걱정과 달리 코난은 바다 멀리 나가지 않았고, 이름을 부르면 곧잘 내가 있는 쪽으로 돌아와주었다.

맨체스터 바이 더 시의 싱잉비치가 천국의 모습을 지닌 건 '바다 사용법'을 합리적으로 정해놓았기 때문이다. 이 해변에선 매년 10월 15일부터 4월 14일까지 개들이 목줄을 풀고 놀 수가 있다. 4월 초에도 눈이 오는 날씨이니, 이 기간에 사람들이 바다에 들어가는 일은 거의 없다. 바다는 늦가을부터 초봄까지 '개 우선'으로 전환된다. 나머지 기간은 '사람 전용'이다. 미국 내 각 해수욕장에 적용되는 룰은 다양한데, 개 출입 금지 해변, 개 전용 해변이 있는가 하면, 해안선이 긴 해수욕장은 개와 사람의 구역을 나누어놓은 곳도 있다.

규칙이 세워져 있지 않으면 사람들이 해수욕을 즐길 때 개들이 들어와 언짢은 싸움이 일어날 수 있고, 겨울철 사람들이 이용하지 않을 때라도 누군가의 항의가 있으면 견주로선 당당하게 목줄을 풀고 놀 권리를 주장할 수 없을 것이다. 분쟁의 소지가 있는 부분을 놓고 명확하게 규칙을 세우면 아름다운 바다를 효과적으로 활용할 수가 있다.

낭만적인 이름, 맨체스터 바이 더 시

그런데 맨체스터면 맨체스터지 왜 맨체스터 바이 더 시일까. 축구팀 맨체스터 유나이티드로 유명한 영국의 맨체스터와 구분하기 위해 '바이 더 시'를 붙였을까? 알고 보니 영국까지 갈 것도 없이, 바로 인접한 뉴햄프셔주에 이곳보다 훨씬 크고 인구도 많은 맨체스터란 도시가 있단다. 놀라운 건 이곳 외에 뉴잉글랜드 지역(미국 북동부 매사추세츠, 코네티컷, 로드아일랜드, 버몬트, 메인, 뉴햄프셔 등의 6개 주)에만 맨체스터란 이름의 동네가 네 곳, 미국 전체엔 스무 곳이 넘게 존재한다는 사실이다. 1989년, 혼동을 피하기 위해 주민투표로 이름을 바꾸었다.

더 작고 덜 유명한 도시라 억울하게(?) 수식어가 붙었지만, 덕분에 행정구역 이름으로 믿기지 않을 만큼 서정적인 이름이 탄생했다.

개를 좋아하지 않는 사람이라면, '사람들의' 해수욕장에 개들이 발을 디디는 것에 진저리를 칠지도 모르겠다. 하지만 개바보인 내 눈에는 개보다 사람이 해변을 더 더럽히는 것으로 보인다. 치킨이나 라면을 먹고 남은 것을 그대로 버려두거나, 술병을 버리는 등의 일을 개들은 하지 않는다. 물론 견주의 예절은 필수다. 개들이 일을 볼 경우 신속하게 치우는 건 기본, 주변 사람을 배려하고 자기 개를 컨트롤할 수 있어야 한다. 필요한 부분에 합리적인 규칙을 만들고 준수하는 일은 개와 사람 모두를 위해 필요하다. 다만 그 규칙은 '함께 행복하게 살기 위해' 논의되어야 한다. 자연은 인간의 전유물이 아니다. 그러니 서로 사이좋게 나눠 쓰는 것이 좋지 않을까.

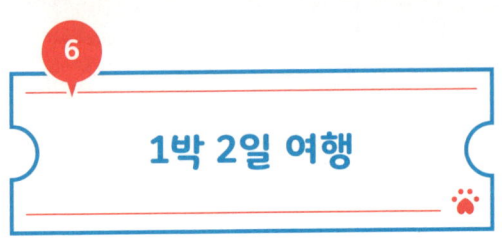

코난과 함께하는 비현실적인 여행

한국에서 우리 가족에게 여행은 먼 나라 이야기였다. 짧은 여행이라도 늘 코난이 문제였다. 데리고 가려면 이동, 숙소, 먹는 문제 등 걸림돌이 많았고, 두고 가자니 믿고 맡길 곳이 마땅치 않았다.

"코난이 없는데 여행이 무슨 소용이야?"

아이들 반응은 늘 이랬다. 결국 코난이 온 후 1년 반 동안 우리는 단 1박의 여행도 떠나지 못했다. 미국에 오면서 가장 기대한 일 중 하나가 바로 코난과 여행을 가는 것이었다. 8월, 코난의 생애 첫 여행이 시작되었다.

목적지인 매사추세츠주 남쪽 해안 케이프 코드 Cape Cod는 말 그대로 '대구 곶'이란 뜻이다. 1602년에 바솔로뮤 고스널드라는 영국 항해사가 아시아로 가는 길을 찾기 위해 항해에 나섰다가 뉴잉글랜드 지방에 닿았는데 그는 그때까지 '팔라비시노'라 불리던 갈고리 모양의 땅에 '케이프 코드'란 이름을 붙인다. 이유는 그가 탄 배의 주변에 항상 대구가 들끓었기 때문이라고 한다. 4세기가 지난 지금, 대구는 여전히 매사추세츠주에서 가장 흔하게 눈에 띄는 생선이다.

차를 타고 두 시간을 이동해야 하니, 멀미할 경우를 대비해 비닐봉투를 준비했다. 사료는 조금 넉넉하게 담고, 밥그릇, 배변판과 배변패드, 응가 봉투, 물놀이 후 닦을 타올 등을 챙겼다.

비앤비와 프라이빗 비치에서 보낸 하루

95번 고속도로에서 빠져나와 말굽 모양으로 굽은 길, '호스슈 벤드 웨이Horseshoe Bend Way' 입구에 닿으니, 마을 어귀에 우체통이 대여섯 개 조르륵 늘어 서 있었다. 개와 함께 묵을 수 있는 비앤비Bed and Breakfast '알렉산더 해밀턴 하우스Alexander Hamilton House'에 도착해, 우선 주인장 스티브 씨를 불러야 했다. 민박집 개 클라라는 사람들에겐 친절하지만, 다른 개들이 자기 집에 들어오는 것에 매우 민감하다고 했다. 그래서 불쑥 들어오지 말고 개를 차에 둔 채 연락을 달라는 당부가 있었다. 홈페이지 사진으로 보아, 노부부가 소일 삼아 운영하고 있는 숙소 같았다. 잘 가꿔진 정원을 지나 현관문을 톡톡 두드리니 스티브 씨가 나왔다. 머리가 살짝 벗겨진 60대 남성이다.

"어서 오세요!"

"당부대로 코난은 차에 두었어요."

"고마워요. 이제 데리고 나오셔도 되요. 클라라가 개들한테도 친절하면 좋으련만 불편을 끼쳐서 미안합니다."

스티브 씨는 우리를 데리고 다니면서 집과 정원의 구조며 마을에 대해 설명을 해주었다. 일종의 오리엔테이션이다.

"동네는 안전해요. 다들 10년 이상 같이 산 주민들이죠. 혹시 코난이 정원에서 응가를 하면 그냥 두세요. 내가 알아서 처리할 테니."

빨간 지붕의 3층짜리 집은 언덕에 위치해 있었는데 오솔길을 따라 내려가니 아름다운 물가가 나타났다. 프라이빗 비치가 있다고 해서 바다인 줄 알았더니, 애슈멧 폰드Ashumet pond였다.

"여기 있는 비치 체어를 쓰시고 카약도 여러 개 있으니 타보세요. 옆집은 절친한 이웃인데, 주로 다른 주에 가 있고 1년에 며칠 안 와서 내가 집을 관리해주고 있어요. 놀다가 추우면 들어가서 쉬셔도 되요."

물어볼까 말까 망설였지만 그래도 확실히 해두는 것이 좋을 것 같았다. 우리는 조심스럽게 물었다.

"혹시 코난이 물에 들어가도 되나요?"

"물론이죠! 강아지 구명조끼도 준비되어 있는 걸요."

모두들 기쁜 마음을 감출 수 없었다. 물 좋아하는 녀석이 즐거워할 걸 생각하니 내가 다 신이 났다. 필요한 것이 있으면 언제든 찾아오라는 스티브 씨. 하지만 어쩐 일인지 안주인이 나타나지 않는다. 바쁜 일이 있거나 몸이 안 좋은 걸까?

쌍둥이는 바로 옷을 갈아입고 물가로 달려갔다. 아이들이 물로 뛰어들자 코난도 펄쩍펄쩍 뛰면서 따라 들어갔다. 카약 타기도 시도했다. 왠지 특별한 스포츠로 여겨져서 어려울 것 같지만, 진이는 몇 번 노를 저어보더니 금세 익숙해졌다. 형아의 카약을 코난이 헤엄치며 뒤따른다. 한국에서 목줄을 푸는 일은 마치 범죄처럼 여겨지기만 했는데, 줄을 풀고 자연 속에서 수영을 하다니. 아이들과 코난이 노는 모습은 비현실적으로 느껴졌다.

코난은 물놀이에 지칠 줄 몰랐다. 그 모습이 흐뭇한 한편 가슴이 철렁할 때도 한두 번이 아니었다. 오리떼를 쫓아 100미터는 넘게 헤엄쳐 가는데 그 모습을 보고 있자니 아찔했다.

"저러다 숨차서 돌아오지 못하면 어쩌지?"

쌍둥이는 코난 걱정을 했지만 나는 아이들이 걱정이었다. 만에 하나 코난이 물속에서 힘을 잃기라도 하면 녀석을 구하러 앞뒤 안 보고 뛰어들 녀석들이다. 나는 아이들에게 구명조끼를 입히고 절대 깊은 물에 따라 들어가지 말 것을 당부했다. 코난이 너무 멀리 갔을 땐, "코! 난!" 이렇게 큰 소리로 부른 뒤, "우리 간다~!" 하고 온가족이 오솔길로 사라지는 연기를 하면, 그제야 물 위에 동동 떠서 뭍을 쳐다보다가 안 되겠다 싶은지 서둘러 헤엄쳐 나오곤 했다. 영락없는 개구쟁이 어린아이다.

저녁엔 스티브 씨에게 추천받은 쿡스 시푸드 Cooke's Seafood 레스토랑으로 갔다. 개는 출입 금지여서, 우리는 차 안 대기조와 포장 주문조, 두 팀으로 나누었다. 로브스터롤과 연어구이, 뉴잉글랜드 클램차우더를 포장해와 숙소 베란다에 저녁상을 차렸다. 로브스터롤은 버

역시 수영 신동이야!

코~난~ 우리 간다~!

터에 구운 뉴잉글랜드 번bun에, 찐 로브스터 살과 양상추를 넣은 담백한 음식인데, 따끈한 조개크림 수프와 함께 먹으면 그 맛이 일품이다. 코난은 자기 저녁을 챙겨 먹고는 식탁 옆을 어슬렁거리다 생선살이나 감자튀김을 한입씩 얻어먹곤 했다.

이튿날엔 해변을 탐사했다. 케이프 코드에는 해안선을 따라 수십 개의 해수욕장이 있는데, 저마다 개에 관한 규정이 다르다. 우리가 갔던 마르코니 비치Marconi beach는, 여름철에 안전요원이 있는 약 200미터 구역에는 개가 들어갈 수 없고, 사람들 영역 이외의 좌우 한적한 해변에서 6피트(약 1.8미터) 이하의 목줄을 하면 물놀이를 즐길 수 있었다.

"저기가 대서양이네. 이쪽으로 계속 가다보면 유럽이 나오겠다."

우리는 해수욕을 즐기는 사람들을 바라보다가 애슈멧 폰드로 돌아가기로 했다. 아이들이 코난과 자유롭게 놀 수 있는 곳을 원했기 때문이다.

알렉산더 해밀턴 하우스 주인장의 마지막 개

알렉산더 해밀턴 하우스의 1층은 우리가 빌린 공간, 2층은 스티브 씨 가족의 생활공간이었다. 집안은 흰색 가구에 파란색 무늬의 시트를 매치해 청량한 느낌을 주었다. 이런 훌륭한 숙소에 코난과 함께 머물 수 있다니, 그동안 숙소 걱정에 여행은 꿈도 못 꾸었던 세월을 생각하니 감격스러웠다. 1층과 2층의 거실은 계단으로 연결되어 있었는데, 스티브 씨는 낯선 개에게 까칠한 클라라와 개 손님을 분리하기 위해 계단 입구에 울타리를 설치하고 거실 의자로 한 번 더 막아두었다. 가끔 윗집 여자 클라라가 '우프 우프 Woof Woof!', 아랫집 남자 코난이 '멍멍!' 하고 서로를 향해 짖기도 했지만 펜스를 뛰어넘는 규율 위반행위는 일어나지 않았다.

햇살 가득한 오후, 스티브 씨가 우리에게 집 구경을 시켜주는 사이 클라라가 고개를 갸우뚱하면서 조심스럽게 다가왔다. 클라라는 이름이 주는 분위기와 사뭇 다르게 익살스러운 얼굴의 보스턴테리어였다. 대부분의 보스턴테리어가 그렇듯 다부진 몸매. 아이들이 '안녕!' 하고 손을 내밀어 냄새를 맡게 하자 클라라는 매우 신중하게 다가왔다.

"사모님은 어디 가셨어요? 첫 날부터 뵐 수가 없네요."

"모르셨군요. 집사람은 2년 전에 병으로 세상을 떠났어요."

"아, 그랬군요."

자연스럽게 부인 바버라에 대한 이야기로 흘러갔다. 뉴욕에서 비앤비를 운영하고 있던 바버라는 9·11 사태 이후 뉴욕을 떠나고 싶어 했고, 두 사람은 고민 끝에 케이프 코드로 이주했다. 케이프 코드에 찾아오는 사람들이 다른 곳이 아닌 이곳에 묵어야 할 이유를 한 가지 제공해야 한다고 생각했는데, 그것이 '개도 묵을 수 있는 아름다운 비앤비'였다. 클라라가 이 집에 온 건 한 살 때인데, 뜻밖에도 클라라와

스티브 씨와 클라라

의 만남은 지역 신문 광고에서 시작되었다. 전 주인이 클라라를 더 이상 키울 수 없다며 맡아줄 사람을 찾는 광고를 낸 것이다.

"10마일 떨어진 곳에 사는 사람들이었는데 후보자들 면접을 봤어요. 일자리 구하는 사람들이 면접 보듯이 말이에요. 여러 가족이 지원했는데 우리가 가장 적합하다며 클라라를 키우도록 해줬어요. 면접에 합격한 거지. 허허."

나는 뭐 그런 뻔뻔한 사람들이 있나 싶었다. 개를 버리면서 무슨 면접? 게다가 스티브 씨는 그런 사람들에게 자신이 뽑혔다며 기뻐하는 것 아닌가. 나중에 알게 되었는데 미국에는 '서렌더surrender'란 제도를 두고 있는 보호소들이 있다. 견주가 피치 못할 사정으로 개를 키우지 못하게 될 경우 사유를 밝히고 개를 '포기'하는 것인데, 클라라의 견주는 보호소에 맡기는 대신 개인적으로 광고를 냈던 모양이다. 클라라는 올해 아홉 살이 되었다. 함께한 8년의 세월, 아내와의 사별 후 가장 의지가 되었던 것도 클라라라고 했다.

"클라라는 아마 내 인생 마지막 개일 거예요. 이 녀석도 언젠가는 내 곁을 떠나겠지만 사실 누가 먼저 떠날지는 아무도 모르죠. 지금 내 나이에 이틀 뒤, 사흘 뒤에 무슨 일이 생길지 어떻게 알겠어요."

다가올 이별에 대비해 그는 자신만의 준비를 하고 있었다. 화가인 지인에게 클라라의 사진을 보내 유화를 그려달라고 부탁했다고 한다. 벌써 9개월 전에. 그림이 완성되어가냐고 물었더니 스티브 씨는 미소를 지으며 아직 멀었다고만 했다. 서두르지 않고 천천히, 그의 인생 마지막 개의 초상화를 기다린다고 했다.

이듬해 봄, 케이프 코드에 다시 가고 싶어졌다. 이번엔 프로빈스타운 쪽을 돌아볼 계획이었지만, 적어도 하룻밤은 꼭 클라라네 비앤비에 묵고 싶어 홈페이지에 들어가서 보니 다음과 같은 글이 올라와 있었다.

'2016년 12월 31일자로 알렉산더 해밀턴 하우스는 문을 닫습니다. 그동안 감사했습니다.'

행여 스티브 씨나 클라라에게 무슨 일이 생긴 건 아닐까. 걱정이 되었지만 일부러 전화를 걸지는 않았다. 개에게 친절한 이 아름다운 비앤비가 문을 닫은 이유가, 스티브 아저씨의 건강 문제는 아니길 빌어볼 뿐이다.

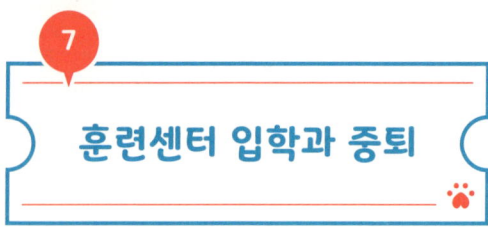

훈련센터 입학과 중퇴

교육 목표를 정하다

우리가 살던 일산에는 둥그렇고 넓은 잔디 공원이 있었다. 밤이면 대형견들이 나와 산책을 즐기고 견주들은 두런두런 이야기를 나누곤 했다. 절친 래미, 포리, 온돌이도 모두 여기서 처음 만났다. 대형견을 키우다보면 이런저런 눈치보이는 일이 많아서 다들 야음을 틈타 나들이를 나온다. 코난은 당시 한 살을 조금 넘긴 나이여서 혈기왕성했다. 개 친구들이나 자기를 알아보는 사람을 만나면 흥분하곤 했는데, 그 정도가 다른 개들보다 조금 심했다. 우리보다 먼저 보스턴에서 2년간 살다 왔다는 이웃 스탠다드 푸들, 보보네 아버님이 그랬다.

"이 녀석, 훈련 좀 받아야겠는데? 거기는 개들도 교육 수준이 높아서 제대로 훈련이 되어 있지 않으면 곤란할 거예요. 평소엔 개가 있는지 없는지도 모르게 조용한데, 어디서들 나오는지 줄줄이 나타나거든요. 다들 훈련이 아주 잘 돼 있어요."

그 이야기를 들으니 솔직히 조금 걱정이 되었다.

미국생활 초창기라 개와 관련된 인맥이 별로 없을 때여서 입소문으로 좋은 시설을 찾기란 쉽지 않았다. 도그 파크의 아주머니들에게 물으면, "훈련? 그냥 집에서 했는데?"라는 대답이 돌아오곤 했다. 마치 우등생들이 "고득점 비결이요? 그냥 교과서 중심으로 열심히 공부했는데요"라고 말하는 것과 다를 바 없었다.

인터넷을 검색해보니 보스턴 시내에 있는 시설은 너무 멀고, 집 근처 괜찮아 보이는 곳들은 가격이 너무 비쌌다. 옆 동네 브루클라인에 있는 훈련센터에 가보기로 했다. 이용자들의 평가가 좋은 곳이었다. 애견용품점과 미용을 하는 가게 지하로 내려가니, 한쪽 벽에 켄넬이 빼곡히 쌓여 있는 어두침침한 공간이 나타났다. 훈련중인 개들은 다소 우울한 표정으로 얌전히 앉아 있었는데, 솔직히 유쾌한 기분이 드는 공간은 아니었다.

보조 훈련사로 보이는 덩치가 큰 사내가, 시설의 오너이자 훈련사인 랜스에게 나를 안내했다. 랜스는 키가 190센티미터 정도 되는 건장한 남자였다. 그는 코난에 관한 기본적인 정보와 내가 원하는 목표를 물었다. 코난과 함께 살면서 불편한 점은 무엇이었을까. 고쳐지길 바라는 점은?

"산책할 때 줄을 당기지 않는 것, 그리고 흥분을 줄이는 것이에요."

"아까 보니까 사람을 만날 때 엄청 흥분하네요. 사람으로 따지면 누군가를 만났을 때 정신없이 안녕, 안녕, 안녕! 하고 이리저리 손을 흔들며 반가워서 어쩔 줄 몰라 하는 것과 마찬가지예요."

랜스는 코난의 목줄을 잡고 몇 가지 명령어를 주며 훈련시설을 두세 바퀴 돌아보더니 말했다.

"이 녀석 머리가 굉장히 좋네요. 8주 정도 기본훈련만 받으면 되겠어요."

랜스는 기본 복종훈련obedience training을 제안했다. 8주 동안 일주일에 3일은 출석해야 목표 달성에 도움이 될 거라고 했다. 2주에 한 번씩 가족들과 함께하는 그룹 워크숍도 예정되어 있었다. 랜스는 뭔지 모르게 신뢰감을 주는 사람이었다. 그런데 기본적으로 '개는 개다. 사람이 아니다'라는 생각을 가진 사람이었다. 개를 인간과 똑같이 다루는 것에서 모든 화禍가 시작된다고 여겼다.

훈련 대신 더 많은 사랑을

첫 교육 날, 코난은 신이 나서 따라나섰다. 하버드 스트리트에 위치한 훈련센터! 조만간 유학파 견공이 탄생할 것이다. 지하로 들어서자 어두컴컴한 분위기, 낯선 냄새가 코난을 맞았다. 켄넬 안에 갇힌 개들을 보자 녀석은 겁을 먹은 것 같았다. 그리고 곧 엄마와 헤어질 것을 예감한 듯 불안한 표정으로 짖기 시작했다. 나는 "코난, 짖지 마. 괜찮아, 괜찮아"라고 하면서 쓰다듬어주었다. 랜스가 말했다.

"개가 짖는데 그렇게 쓰다듬고 안아주면 더 짖을 거예요. 자기가 짖는 걸 주인이 좋아해서 칭찬하는 거라고 받아들일 테니까요. '네가 짖는 게 싫다'는 표현을 하려면 손가락으로 엉덩이 부위를 한 번 콕 찔러주는 게 나아요."

녀석은 애걸하듯 나에게 말했다.

'엄마, 가지마!'

코난을 두고 오는 마음이 영 좋지 않았다. 하지만 사람도 발전하려면 공부를 하고 힘든 일을 견디는 인고의 세월이 필요하듯 코난에게도 그런 시간이 필요하다며 스스로를 달랬다. 저녁에 데리러 갔더니 코난은 켄넬 안에 있었는데, 어두운 지하실의 켄넬 안에 있는 걸 보니 안쓰러웠다. 녀석은 내가 온 것을 눈치채자마자 컹컹 짖었다. 돌아오는 길에 차 뒷자리에 앉아 창밖을 바라보는 코난을 보았다. '휴, 이제 살았다' 하고 안도하는 표정이었다.

그렇게 몇 주가 흐르고, 가족들이 참여하는 워크숍이 있었다. 우리 외에도 다섯 가족이 함께 교육을 받았다. 견주와 보조를 맞춰 걷는 연습, 'sit, down, stay, let's go' 등의 명령어에 따르는 연습을 했다. 아이들도 앞에 나가서 실행해보았다. 가족 모두가 함께하니 코난도 기분이 좋아보였다. 문제는 그다음에 벌어졌다.

"코난, 학교 가자."

어느 아침, 훈련소 주차장에 차를 세웠는데 녀석이 내리지 않겠다고 버티기 시작했다. 이것이 말로만 듣던 등교 거부?

"이 녀석아, 네가 하기 좋은 것만 하면 훈련이 되겠니? 사람이나 개나 배워야 돼. 좀 참고 다녀보자."

꾸짖기도 달래기도 해봤지만, 코난은 마치 이렇게 말하는 듯했다.

'여긴 무서워. 내 마음대로 행동할 수 없어. 갇혀 있기도 싫어.'
차에서 버티는 일이 반복되었다. 여러 개들과 좁은 공간에 있는 것이 스트레스인 건지, 훈련이 강압적인 건지, 그냥 그곳이 싫은 것인지 정확히 알 수 없었다. 하지만 코난의 그런 행동을 보면서 나 역시 녀석을 보내는 것이 점점 내키지 않게 되었다.

결국 5주쯤 되던 어느 날, 랜스에게 말했다. 그동안 도움을 받아 고맙다고. 하지만 녀석이 여기를 좋아하지 않는 것 같다고. 랜스는 섭섭한 표정으로 알겠다고 했다. 그날, 코난을 그곳에서 데리고 나오던 나의 마음은 정말 홀가분했다. 코난도 원치 않고 나도 내키지 않던 그곳을 좀더 빨리 떠나오지 못했던 이유는 무엇이었을까. 믿고 맡기려 던 사람에 대한 예의? 혹은 완벽한 훈련에 대한 미련 때문이었을까? 녀석의 등교 거부 사태 이후 나는 대안학교를 찾는 일은 하지 않았다. 도그 파크에서 더 많이 뛰놀고 산책하는 홈스쿨링으로 전환했다고나 할까.

훈련센터에서 얻은 것

랜스의 워크숍에서 얻은 것 중 소소하지만 생활에 도움이 되는 팁이 하나 있다. 바로, 엘리베이터에 타면 무조건 'sit' 하고 앉히는 것이다. 이렇게만 해도 함께 타는 사람들이 매우 안정감을 느낀다. 엘리베이터 안에서 코난이 얌전하게 앉아 있으면 이웃들은 "굿 보이!"라며 칭찬해주었다. 개를 키우는 사람들은 부러운 표정으로 "훈련을 아주 잘 받았나봐요. 어떻게 훈련하셨어요?"라고 물었다. 그러면 "그냥 집에서 조금씩 했어요(교과서 중심으로 열심히 공부했어요)"라고 대답하곤 했다. 좀더 칭찬이 이어지면 "강아지 학교에 다녔었는데 이 녀석이 거부해서 중간에 그만두었어요"라고 이야기해주었다. 지나가는 사람들이 "만져봐도 되요?"라고 물을 때에도 'sit'을 시키면 안전한 개라는 느낌을 줄 수 있었다.

이렇게 반복하다보니 예전엔 누가 예뻐해주면 크게 흥분하던 코난도 점차 차분해지는 것을 느낄 수 있었다. 그리고 훈련소에서 얻은 또하나의 능력. 코난이 명령어를 한국어와 영어로 알아듣게 된 것이다! 리스닝이 되는 건 확실한데, 스피킹 능력까지 갖추었는지는 아쉽게도 확인할 길이 없다.

이후, 고치고 싶었던 코난의 행동은 줄어들었다. 나이가 들면서 자연스레 해결된 부분, 도그 파크에서 뛰어놀며 스트레스를 풀고 사회성을 기른 것, 부족했던 우리가 녀석에 대해 알아가면서 도움이 된 부분도 있었을 것이다.

끝내 훈련은 마치지 못 했지만 코난, 어차피 배움엔 끝이 있는 게 아니니까 지금부터 조금씩 해나가자. 그리고 '지금의 너'도 충분히 훌륭해.

넌 충분히 훌륭해

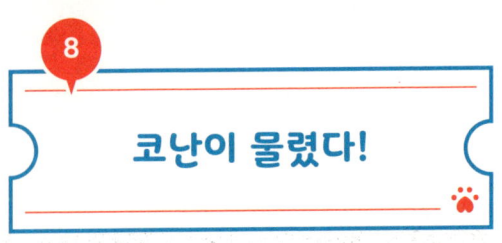

코난이 물렸다!

크리스마스의 악몽

사건이 벌어진 건 크리스마스를 3주 앞둔 일요일이었다. 크리스마스가 다가오면 미국 쇼핑몰에서는 산타와 함께 사진 찍는 행사가 열린다. 직업 산타들은 넉넉한 몸집에 발그레한 얼굴, 반짝반짝 빛나는 금색 안경을 코에 걸치고 흰 수염을 달고 나타나는데, 크리스마스 카드에서 보던 모습 그대로다. 산타와 반려동물과 함께 사진을 찍고 싶어하는 사람도 많아서 '펫 포토데이'를 연다. 듣기로는 개, 고양이 뿐 아니라 앵무새, 파충류를 데리고 오는 사람도 있다고 한다. 일요일 저녁 쇼핑몰에 가보니 이미 많은 사람들이 줄을 서 있었다.

"로트와일러도 있네."

덩치가 커다란 로트와일러가 사진을 찍기 위해 대기중이었다. 다양한 반려동물들이 한껏 멋을 부리고 왔는데, 코난은 옷 입는 것을 싫어해서 크리스마스 의상은 꿈도 못 꾸고 목줄만 빨간색으로 바꿨다.

대기자들이 줄을 서도록 테이프로 길게 라인이 쳐져 있기에 우리는 그 안에 서서 먼저 온 가족들이 사진 찍는 모습을 바라보고 있었다. 우리 뒤에는 한 여자가 래브라도 리트리버와 피트불을 데리고 멀찌감치 서 있었다. 피트불은 붉은색과 흰색 천을 덧대어 만든 산타 드레스로 한껏 멋을 냈는데, 끙끙대면서 자꾸 어디론가 가려고 했다. 멀리서 "드레스 참 멋지네요" 하고 인사를 건넸더니 여인은 개를 진정시키느라 미처 대답을 하지 못한 채, 앞쪽에서 사진 찍을 순서가 된 남자를 향해 외쳤다.

"우리도 여기 줄 서 있다니까! 아휴 참 나."

앞쪽에 로트와일러를 데리고 있는 남자가 남편인 듯했다. 이유는 알 수 없지만, 남자는 로트와일러와 세 살 정도 된 아이를 데리고 여자와 따로 줄을 서 있었다. 여자는 내가 말 걸었던 걸 기억하고 있었는지, 비로소 대답을 했다.

"아유, 제가 개 세 마리에다 아기까지 키우느라 정신이 없어요."

"저분이 가족이신가봐요."

"네. 남편이 데리고 있는 로트와일러는 생긴 건 저래도 나이가 많아서 행동도 굼뜨고 얌전해요."

녀석은 몸집이 코난의 두 배는 되었지만, 주인 말대로 행동도 느리고 주변 일에 그다지 관심이 없는 듯 심드렁한 모습이었다. 어린아이를 키우면서 로트와일러와 피트불, 래브라도 리트리버라니. 힘들겠다 싶었다. 그러던 중 남자와 로트와일러가 사진 촬영을 마쳤다.

"아휴, 애 좀 데려가요."

피트불이 힘에 겨웠던지, 여자는 남편에게 개를 바꾸자고 했다. 여자가 로트와일러의 줄을 받고 피트불을 남편에게 건네는 순간, 그리고 남자가 줄을 홱 잡고 우리 옆을 지나는 순간, 비명소리가 들렸다. "깨갱 깽깽!" 정신이 아득해졌다. 코난이었다. 피트불이 코난을 문 것이었다. 주변은 웅성웅성 아수라장이 됐다. 잔뜩 겁을 먹은 코난이 움츠렸다. 녀석이 그렇게 쪼그라드는 모습은 처음 보았다. 당황한 우리는 상처가 어디에 얼마나 났는지 살폈다. 입 옆에 물린 상처가 보였다. 다행히 피가 흐르지는 않았지만 상황이 주는 공포는 대단했다. 행복한 기억으로 남아야 할 크리스마스 기념 촬영이 상처와 공포로 얼룩지는 순간이었다. 남자는 개를 끌고 그 길로 사라졌고, 여자가 말했다.

"에잇, 조심할 것이지. 저 바보 같은! 많이 다쳤어요?"

여자는 기다란 손톱에 빨갛게 매니큐어를 칠한 손으로 코난의 상처 주변을 살폈다. 그 손으로 상처를 만지는 것에 마음이 불편했다.

"상처가 깊지 않으니 집에 가서 과산화수소수 정도 바르면 될 것 같은데요?"

여자는 개를 많이 다뤄봤다는 듯한 태도로 말했다. 화가 치밀었지만 어떻게 대응해야 좋을지 몰랐다. 나는 사무적인 말투로 물었다.

"광견병 예방접종은 했나요?"

접종을 제대로 하지 않았다면 코난에게 치명적인 문제가 생길 수도 있었다.

"접종은 다 했어요. 혹시 필요하다면 저희 수의사 연락처를 드릴까요? 근데 제가 보기엔 상처가 그리 심하지 않은 것 같아요."

'그건 당신이 할 소리는 아니지'란 소리가 목구멍까지 치밀어올랐다. 코난이 이역만리 미국에 와서 다른 개한테 물리다니. 상상도 못했던 일이다. 상처가 심각해 보이지는 않으니 약만 잘 발라주면 되겠지 싶어 상황을 마무리하고 얼른 집으로 돌아왔다.

코난 응급실 가다

상처 부위에 연고를 발라주고 위로의 의미로 북엇국을 끓여 식힌 뒤 밥을 말아주었다. 밥을 다 먹은 코난이 부엌에 엎드려 누웠는데 앞발등이 이상했다. 털에 빨간 피가 묻어 있었다. '이상하다, 입 옆의 작은 상처에선 피가 보이지 않았었는데.' 불길한 예감이 들었다. 고개를 들게 해 턱 밑을 보니 크고 깊숙한 구멍이 나 있었다. 동그란 구멍, 개의 이빨 자국이다. 상처에선 피와 진물이 나고 있었다. 아, 입 옆과 턱을 꽉 문 것이었구나. 왜 그때 더 살피지 못했을까. 감염이 생기면 큰일이고, 그렇게 되면 그 개의 광견병 접종 여부도 더욱 중요해진다. 여태 병원 갈 일이 없었기 때문에 코난의 수의사를 정해놓지 않고 있던 우리는 당황했다. 시계는 이미 밤 10시를 가리키고 있었다.

"어떡하지, 이 시간에? 맞다, 랜스가 전에 우리 동네 동물병원 이야기를 했었는데, 이름이 뭐였더라?"

인터넷에 몇 개의 키워드를 치고 기억을 더듬어 'VCA'라는 병원

생명의 은인 브리트니 선생님과 함께

을 찾았다.

"응급상황이에요. 저희 개가 다른 개한테 물렸어요. 지금 가도 될까요?"

접종 기록을 가지고 얼른 오라는 말에 한밤중에 온 가족이 동물병원으로 출동했다. 허둥지둥 병원에 도착하니 카운터 직원이 차분한 목소리로 우리를 맞는다.

"접종 서류 주시겠어요?"

남편과 나는 멍하게 마주보았다.

"안 가져왔어?"

"안 챙겼어?"

분명히 서류를 모아 플라스틱 폴더에 집어넣었는데, 당황한 나머지 잘 챙겨 식탁 위에 고이 모셔두고 네 식구 모두 빈손으로 달려온 것이다. 직원은 시간이 늦었으니 할 수 없다며 접수를 하고 보조 수의사를 불렀다. 진료실에 들어가 상처를 보이고 사건 경위를 설명했다. 수의사는 혹시 열이 나지는 않았는지 묻더니 항문으로 체온을 쟀는데, 다행히 체온은 정상이었다. 잠시 후 수의사 브리트니가 진료실로 들어왔다.

"아이고, 고생했네. 광견병 접종은 했나요? 상대방 개는요?"

"저희는 했고, 상대방 개도 주사를 맞았다는데 어디까지나 그들 말이니까요. 확신할 수는 없어요."

"우선 상처가 어느 정도 깊은지 자세히 보기 위해서 턱 밑의 털을 깎고 들여다볼게요. 잠시만 기다리세요."

천만다행이었다. 밤이라 제때 진료를 못 받으면 어쩌나 하는 불안한 마음이 이제야 조금 가라앉았다. 마음은 조마조마.

"다행히 상처가 아주 깊지 않아서 꿰매지 않아도 될 것 같아요. 문개가 광견병 예방접종을 했는지 확신할 수 없으니, 만일에 대비해 코난이 한번 더 맞는 게 좋겠어요."

"휴!"

모두 안도의 한숨. 최악의 상황을 가정하고 두려웠던 마음이 비로소 누그러졌다. 소독과 추가 접종을 마친 코난이 나왔다. 턱 밑의 털을 깎고 나니, 뽕 뚫린 이빨자국이 더욱 선명하게 드러났다.

"얼마나 아프고 놀랐을까. 그래도 불행 중 다행이다."

진료비, 접종비, 2주치 소염항생제 등의 약값을 합해 총 297달러. 우리 돈으로 35만 원이 넘는 금액이었지만, 일단 치료를 받은 것에 감사해하며 코난을 데리고 차에 올랐다. 집으로 가는 내내 아이들은 뒷자리에서 코난을 꼭 끌어안고 있었다. 위급 상황을 일단 면하고 나니 후회가 밀려들었다. 왜 현장에서 상처를 발견하지 못했을까, 소송 많은 미국에서 왜 상대방 견주의 연락처조차 받아두지 않았을까. 물린 것도 억울한데 치료를 위해 지불해야 했던 297달러까지. 분했다.

'가해견'을 찾아서

이튿날 아침, 나는 전투하는 심정으로 쇼핑몰로 향했다. 마음을 굳게 먹고 나섰던 건 왠지 사건이 순조롭게 처리되지 않을 것 같은 불길함 때문이었다. 포토 이벤트를 담당한 곳에선 접수한 정보가 있으니, 그들의 연락처를 알고 있을 터였다. 쇼핑몰 사무실에 찾아가 자초지종을 설명하니, 다행히 산타를 비롯해 당시 상황을 목격한 직원들이 몇몇 있었다.

"개 주인 연락처 아시죠? 알려주세요."

"죄송하지만 개인정보라 지금 알려드리긴 어렵습니다."

우리 개가 물려 상처를 입었는데 도대체 왜 그들의 개인정보 보호가 더 중요하단 말인가. 사무실에서는 사건 발생 시각, 경위 등에 대해 자세히 묻고 기록을 했다. 그리고 문서 처리와 내부 보고에 시간이 걸리니 연락할 때까지 기다려달라고 했다. 슬슬 불안한 마음이 들기 시작했다. 나는 황급히 휴대폰에 저장되어 있는 사진들을 뒤졌다. 그리고 회심의 미소를 지었다. 현장에서 찍은 사진 중 로트와일러와 남자가 찍힌 사진이 선명하게 남아 있었다. 그들은 한 가족이니, 만에 하나 추적이 안 될 경우 이 사진이 중요한 단서가 될 것이었다.

쇼핑몰 측의 연락을 받고 다시 현장을 찾은 건 다음날이었다. 양복을 입은 중년 남성이 회의실로 들어오라고 하더니 심각한 표정으로 말했다. 알고 보니 그 개 주인이 쇼핑몰에 근무하는 사람이었다.

"개를 오래 키웠던 사람이라고 하니 상황을 잘 인식하고 있을 거예요. 연락해보세요"라는 말을 남기고 담당자는 사라졌다. 나는 쇼핑몰 한가운데서 연락처가 적힌 쪽지를 손에 쥐고 우두커니 서 있었다.

다시 소심한 마음이 발동했다. 회사 관계자에겐 잘 해결할 것처럼 말하고 막상 나한테는 잡아떼면 어쩌지? 자기 개가 문 건 사실이지만 현장에선 괜찮다더니 왜 이제 와서 난리냐고 적반하장으로 나오면 어쩌나? 게다가 여전히 극복하지 못한 전화 영어 포비아!

문자를 보내보기로 했다. 그날 당신 개에게 물린 개의 주인인데 생각보다 상황이 심각해 연락하게 되었다고. 잠시 후 전화가 걸려왔다.

"정말 죄송해요. 남편 부주의 때문에. 개는 괜찮나요, 병원비는 얼마나 나왔는지요?"

"300달러 좀 안돼요. 다른 건 몰라도 치료비는 받았으면 해요."

"저녁에 남편이 돌아오면 의논해보고 다시 연락을 드려도 될까요?"

가해, 피해가 명백한 상황이지만, 뻔뻔하게 나온다치면 소송이라도 해야 하나 싶어 몹시 심란했기 때문에 일단 잘못을 인정하는 태도에 안도했다. 저녁이 되어 그녀에게 문자가 왔다.

남편이 치료비를 모두 지불해드리겠다고 해요. 정말 죄송합니다.
개 이름, 병원 이름과 수의사 이름, 금액을 알려주시면 내일 아침에
병원에 전화해서 카드 환불처리하고 저희가 계산할게요.
저희 개가 참 착한 아이인데, 딱 한 가지 흠이 있어서 그만.

문자의 뉘앙스로 볼 때 전에도 다른 개를 문 전력이 있음을 짐작할 수 있었다. 치료비 지불이 이런 방식으로 진행된다는 것도 처음 알

게 되었다. 영수증을 보내면 송금해주는 게 아니라, 그쪽에서 직접 병원에 연락해 결제 내역을 취소하고 새로 결제할 경우, 우리는 상대에게 치료내역을 확인하게 하는 수고를 덜고, 상대방은 치료비를 지불했다는 명백한 증거도 남길 수 있다. 그녀는 약속한 대로 다음날 아침 일찍 병원에 연락해 처리했고, 우리는 곧 환불을 받았다.

나는 당시에 일이 순조롭게 마무리된 것이, 그들이 개를 사랑하는 착한 사람들이어서라고만 생각했다. 하지만 개 변호사 코헨을 만난 뒤 그 배경을 명확히 알게 되었다. 만일 치료비 보상 선에서 해결되지 않고 우리가 문제를 제기해 행정기관이나 경찰이 이 사건을 인지할 경우 상황은 심각해진다. 행정기관의 명령, 나아가 법적 처벌이 이뤄질 수 있고, 개의 신변에도 문제가 생길 수 있는 것이다. 더구나 그 개가 무는 습성이 있고 견주가 그것을 인지하고 있었다는 사실이 입증되면 처벌은 더 강해질 수 있다.

비행기 타고 미국까지 와서 낯선 개한테 물린 파란만장한 코난의 견생. 다행히 병원에서 처방받은 항생제를 먹는 동안 상처는 잘 아물었고 연휴가 끝날 무렵엔 크리스마스 악몽에서 벗어날 수 있었다. 가장 걱정했던 건 혹시 트라우마 때문에 코난이 개들을 만났을 때 겁이 나 숨어버리거나 반대로 공격성을 보이면 어쩌나 하는 것이었다. 다행히 명랑 순둥순둥한 코난의 성격은 그 뒤에도 변하지 않았다.

개들의 천국
도그 마운틴을 가다

꼭 지켜야 할 규칙 하나

마치 판타지 영화의 한 장면 같았다. 알록달록 단풍이 든 산꼭대기의 잔디밭에서 수십 마리의 개들이 뛰노는 풍경은 이제껏 현실에서 단 한 번도 본 적이 없는 것이었다. 버몬트주 세인트 존스베리에 위치한 도그 마운틴은 우리나라의 애견 카페나 수영장처럼 입장료가 있는 놀이동산이 아니다. 엄청난 오락거리나 화려한 시설이 있는 것도 아니다. 자연 그대로의 산 위에 넓은 풀밭과 산책로, 개 수영을 위한 물웅덩이가 있을 뿐이지만 개들에겐 그 어느 곳보다 자유와 즐거움이 보장된 공간이다. 150에이커(약 60만 제곱미터)의 자연이 무료로 열려 있는데, 이 안에선 지켜야 할 규칙이 하나 있다.

목줄을 풀 것!

'반드시 목줄을 매주십시오. 위반할 경우 벌금을 부과합니다.' 이런 경고문에 익숙해져 있던 우리를 어리둥절하게 만드는 규칙이 아닐 수 없었다. 코난은 가을 산을 펄쩍펄쩍 뛰어다녔다. 그랜트라는 개 친구를 만나 웅덩이 물에 코를 박고 보글보글 기포를 만드는 우스꽝스러운 기술도 배웠다. 그 모습을 보고 있자니 저절로 '힐링'이 된다.

개들을 위한 교회가 있다

도그 마운틴에는 19세기 뉴잉글랜드 풍의 작은 교회가 하나 있다.

입구에 세워져 있는 간판에 'All Creeds, All Breeds, No Dogmas Allowed'(모든 신념, 모든 종에 열려 있음. 교조주의는 사절)라는 글이 새겨져 있는 데서 알 수 있듯이, 교회의 모습을 하고는 있지만 특정 종교와 상관없이 모두에게 열려 있는 공간이다.

스테인드글라스로 되어 있는 창, 나무로 만든 몇 개의 개 조각상, 벤치가 네 개. 내부 시설은 그게 전부다. 벽면에는 수천 장의 알록달록한 메모지와 사진이 빈틈없이 붙어 있는데, 자세히 보면 단순한 종이쪽지가 아니라 세상을 떠난 개들에게 보내는 눈물겨운 사랑의 편지다. 막 무지개다리를 건넌 반려견을 추모하는 글도 있고, 이미 수년 전 떠난 개에게 '네가 얼마나 예쁘고 사랑스러운 생명이었는지' 전하는 글도 있다.

> 잭, 내 털북숭이 동생아. 넌 우리와 17년을 살았지.
> 잊지 않을 거야. 사랑해.

> 안녕 베어, 네가 떠나고 나서 우린 하루도 널 잊은 적이 없어.
> 더 잘해주지 못해 미안해. 보고 싶다.

> 보, 넌 우리에게 너무나 큰 사랑과 행복을 주었어.
> 너를 향한 사랑은 영원히 끝나지 않을 거야. 엄마가.

오딘과 로키야, 알지? 이건 영원한 이별이 아니야.
다시 만날 때까지 그곳에서 재미있게 지내!

하나하나가 하늘로 보내는 엽서이자 시詩다. 마음을 꾹꾹 눌러 담은 글들을 읽고 있자니 나도 모르게 눈물, 콧물이 난다. 벽에 붙은 쪽지를 읽고 있는데, 물놀이하던 코난이 교회 앞에서 몸을 부르르 털고는 안으로 들어와 '엄마, 여기 있었어?' 하는 듯 쓱 둘러보더니 나갔다. 그 순간, 녀석의 사소한 행동 하나하나가 너무나 사랑스럽게 느껴졌다. 십 수 년 후, 코난이 우리 곁을 떠나면 우리는 이곳에 다시 오게 될까. 우리는 어떤 말을 적게 될까. 그런 생각을 하니 다시 코끝이 찡해진다.

나무 벤치에는 중년 여인과 할머니 한 분이 앉아 있었는데, 기도를 하다가 손수건을 꺼내 눈물을 훔친다. 처음 만난 사이인 둘은, "언제 세상을 떠났나요?"라고 물으며 낮은 목소리로 이야기를 나눈다. 아름다운 추억과 공감이 둥둥 떠다니는 작은 교회 안의 공기는 조용하고 평화롭다.

사람과 개들을 행복하게 한 사람, 스티븐 휴넥 이야기

개와 사람을 치유하는 이 환상적인 공간을 만든 사람은 누구일까. 설립자 스티븐 휴넥Stephen Huneck은 매사추세츠 아트 칼리지를 졸업한 후 골동품 판매상으로 일하면서 목공 작업을 익혔다. 1984년에 '엔젤'이라는 목판화가 우연히 뉴욕 미술품 딜러의 눈에 들어 전업 작

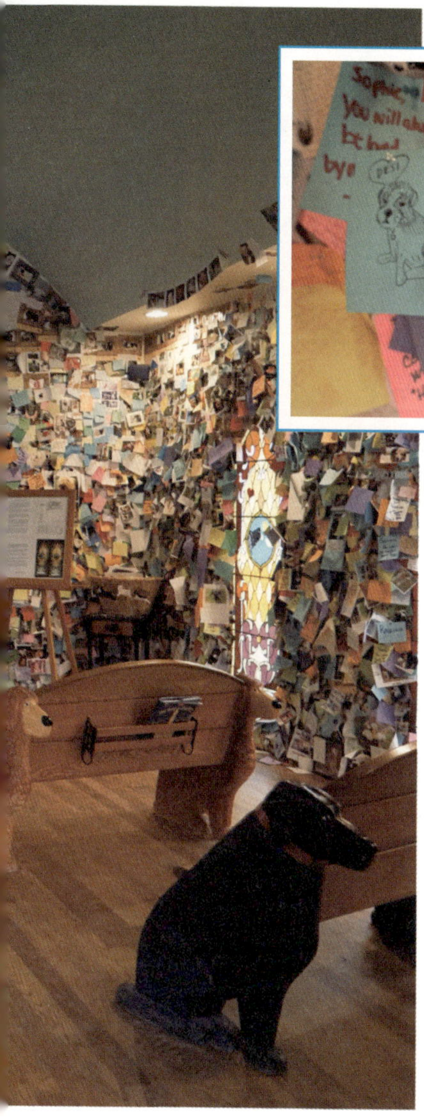

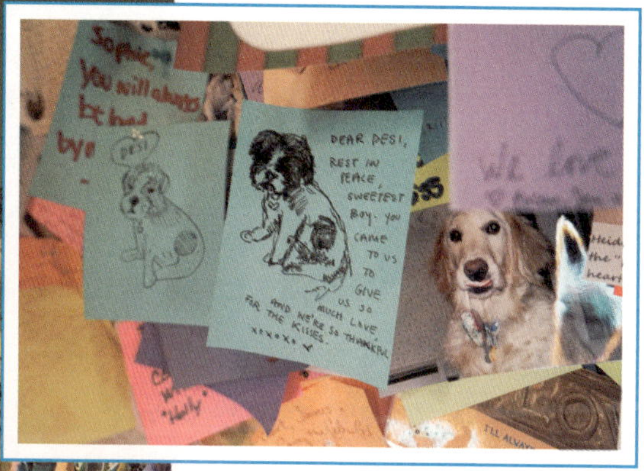
DEAR DESI,
REST IN PEACE, SWEETEST BOY. YOU CAME TO US TO GIVE US SO MUCH LOVE, AND WE'RE SO THANKFUL FOR THE KISSES.
XOXOXO

가로 활동하게 되는데, 작품 소재는 바로 자신이 키우던 세 마리 개였다. 스티븐은 개들의 습성을 단순하게 표현하고 그 속에 삶에 대한 생각을 위트 있게 녹여냈다. 작품이 인기를 끌자 블랙 래브라도 샐리를 모델로 열 권의 그림책을 출판했는데, 『Sally Goes to the Beach』는 뉴욕타임즈 어린이 책 베스트셀러에 이름을 올리기도 했다. 1995년, 스티븐은 세인트 존스버리에 있는 지금의 도그 마운틴 자리를 사, 헛간을 작업실로 꾸미고 산 일대를 무료로 개방했다.

90년대 말, 호흡 곤란 증후군으로 두 달 동안 혼수상태에 빠져 죽음의 문턱에 다녀온 스티븐은 기적적으로 깨어난 후 삶과 죽음에 대해 깊이 생각했다고 한다. 도그 마운틴 안에, 개를 잃었을 때 조용히 이별 의식을 할 수 있는 공간을 만들면 어떨까. 마치 오래전부터 그 자리에 있었던 것처럼 주변 풍경과 어울리는 건물을 그는 짓고 싶었다. 3년에 걸쳐 수작업으로 교회를 완성한 후, 한쪽 벽면은 세상을 떠난 개들을 추모하는 글을 붙이는 곳으로 정하고, '기억의 벽'이라 이름 붙였다. 머지않아 교회 천장부터 바닥까지 모든 벽이 아름다운 '기억'들로 가득차게 되었다. 그렇게 금방, 그렇게 많은 사연이 쌓일 줄 누구도 예상하지 못했다.

개를 모티브로 작품을 만들고, 그 작품이 사랑받아 예술가로서 성공을 이루고, 도그 마운틴과 교회를 만들어 많은 사람과 개들을 행복하게 한 사람. 스티븐 휴넥을 만나고 싶었지만 그는 이 세상에 없었다. 교회가 문을 열고 많은 사람들이 방문해 사랑을 받았지만, 영리

스티븐 휴넥과 그웬 부부

목적이 아니었던 도그 마운틴은 재정적으로 어려운 상태에 빠졌다. 결국 직원 대부분을 해고해야 했던 바로 다음날, 스티븐은 스스로 삶을 포기하고 말았다. 아름다운 도그 마운틴이 비극을 맞는 순간이었다. 역설적으로 스티븐의 죽음이 알려지자, 그의 작품을 찾는 사람들이 폭발적으로 늘어났다.

"스티븐의 작품을 사고 싶다는 사람, 사인을 구하고 싶다는 사람들의 문의가 빗발쳤어요. 그야말로 달콤쌉쌀한 기분이었죠."

도그 마운틴의 크리에이티브 디렉터인 아만다가 말했다. 이후 스티븐의 뜻을 기려 부인 그웬 휴넥이 도그 마운틴을 운영했지만, 그녀마저 3년 반 만에 남편의 뒤를 따랐다.

두 번의 비극, 사람들은 도그 마운틴의 앞날을 걱정했다. 존립이 위태로웠던 도그 마운틴을 지키기 위해 몇 년 전, 그웬의 오빠가 중심이 되어 '도그 마운틴의 친구들Friends of Dog Mountain'이라는 비영리 기구를 설립했다. 도그 마운틴이 버몬트의 문화적 자산으로 남도록 스티븐 부부의 땅과 건물은 모두 이 비영리기구의 자산이 되었다.

애견인들이 죽기 전에 꼭 가봐야 할 명소를 꼽으라면 나는 주저 없이 도그 마운틴을 꼽을 것이다. 개가 개일 수 있는 곳, 그리고 사람도 함께 행복해지는 곳. 버몬트를 떠나며 나는 빌었다. 부디 도그 마운틴이 오래도록 많은 개들을 행복하게 해주기를. 사람들에게 평화와 안식을 주기를. 무지개다리를 건넌 개와 사람을 잇는 공간으로 남아주기를.

개를 모티브로 한 스티븐의 조각 작품

10. 97마리 황금 개들의 정모에 가다

골든 리트리버 정모

우리집 달력에 결코 잊을 수 없도록 표시된 날이 있었다. 그건 아이들 생일도, 남편의 하버드 졸업식 날도 아닌 바로 코난을 위한 날이었다. 5월 20일 토요일, 그날은 뉴잉글랜드의 골든 리트리버들이 도그 마운틴에서 '정모'를 하는 날이었다. 작년엔 90마리가 왔다던가? 그저 신나게 달리기만 해도 좋은 곳인데, 친구가 90마리나 온다니! 그건 정말 인생에, 아니 견생에 한 번 올까 말까한 특별한 기회였다. 우리가 그곳에 간다고 하자 미국사람, 일본사람, 한국사람 할 것 없이 물었다.

"똑같이 생긴 녀석들이 그렇게 많으면 코난은 어떻게 찾아? 개 잃어버리는 거 아냐?"

글쎄, 나도 의문이었다. 아무리 내 새끼라도 비슷한 녀석들이 90마리나 모여 있다면 과연 구분할 수 있을까.

"그건 나도 궁금한데? 개가 사람을 찾는 수밖에 없는 걸까. 아무튼 다녀와서 알려줄게."

우리는 열일 제쳐두고 버몬트주의 세인트 존스베리로 달려갔다. 코난은 그저 평범한 가족여행이겠거니 하고 평범하게 들뜬 마음을 안고 차에 올랐을 것이다.

5월 말의 세인트 존스베리는 벚꽃으로 가득했다. 4월에 워싱턴 D.C., 5월 초 보스턴에 벚꽃이 지나가고 나니 비로소 이 북쪽 마을에도 봄이 찾아온 것이다. 흥분되는 마음으로 도그 마운틴에 들어섰다. 개가 주인공이 되는 곳, 이곳에서 우리는 박씨나 김씨 가족이 아닌 코난 가족으로 불린다. 참가비는 무료. 성의껏 기부금을 내면 되는데, 행사에 필요한 비용을 충당하고 남는 기부금은 동물보호단체에 전달된다.

먼저 온 녀석들은 달리기 경주하듯 삼삼오오 줄지어 뛰거나, 물웅덩이에서 유유히 헤엄을 치고, 어떤 나이든 녀석들은 야외용 의자에 앉은 주인 옆을 다소곳이 지키며 일광욕을 하고 있었다. 목줄을 풀자 코난은 산등성이를 펄쩍펄쩍 뛰었다. 눈이 시원해지고 가슴이 뻥 뚫리고 입가에 미소가 지어지는 그 모습. 개와 자연의 조화가 만들어내는 모습은 그 어떤 예술작품보다 아름다웠다.

잠시 후 모임의 대장인 샌디가 확성기를 들고 교회 앞으로 사람들을 모았다. 그리고 '제3회 뉴잉글랜드 골든 주빌리New England Golden Jubilee'의 개막을 알렸다. 그녀는 사랑하는 개들과 함께 삶을 더욱 풍요롭게 하자는 취지로 이 모임을 만들었다. 샌디가 감회를 이야기한 후 참석한 개들에게 축성을 하기 위해 신부님이 등장했다. 그런데! 코난은 그 자리에 없었다. 이 특별한 시간에 녀석은 물웅덩이에 들어가 유유자적 헤엄을 치고 있었다. 벌써 30분째였다.

잠시 후, 산 아래쪽 평평한 풀밭에서 특별한 공연이 펼쳐졌다. 2년 전부터 혈관육종이라는 암과 싸워온 열두 살 반 보위가 엄마 로리와 함께 등장했다. 보위와 로리는 예전엔 레이첼 플래튼의 '파이트 송Fight song'에 맞춰 춤을 추었다는데, 올해는 '어 베터 플레이스A Better Place'란 노래를 들고 왔다. 이제 암과의 투쟁에서 그들이 이겼음을 선언하는 의미였다.

네가 온 후 세상은 더 좋은 곳이 되었어.
넌 나를 정말로 이해해주는 것 같아. 있는 그대로의 나를 사랑해주지.
모든 것이 금빛으로 다시 밝아졌어.
난 이제 괜찮아, 괜찮아.
네가 온 후 세상은 더 좋은 곳이 되었어.

마치 그들의 노래, 우리의 노래인 것처럼 가사는 절묘했다. 엄마가 흔드는 보라색 손수건을 따라 사뿐사뿐 춤을 추는 보위의 모습에, 관객들은 자신의 개를 꼭 끌어안고 눈물을 훔쳤다. 이 감동의 순간에도 우리는 코난을 끌어안을 수 없었다. 녀석은 여전히 물웅덩이를 떠다니고 있었기 때문이다. 하늘이 무너져도 코난은 물을 떠나지 않을 것이다. 긍정적으로 생각하자면 웅덩이가 있는 한 녀석을 잃어버릴 염려는 없다.

놀 줄 아는 녀석들의 정모 풍경

"모두 물가로 모이세요!"

자원봉사자 소년이 상자를 들고 다니면서 "공 잡으실래요?"라고 묻는데, 상자 안을 들여다보니 테니스공이 가득하다. 오 마이 갓. 이것은 '테니스공 던지기'라 이름 붙여진 모임의 하이라이트다.

"자 준비되셨나요? 하나, 둘, 셋!"

모두들 있는 힘껏 물을 향해 공을 던졌다. 100개의 공을 일시에

웅덩이로 던지면 그다음 벌어지는 상황은?

"풍덩풍덩, 첨벙첨벙!"

개들은 본능적으로 몸을 던졌다.

'와우! 여기 뭐야? 왜 이렇게 좋아?'

'물개', '공 귀신' 코난에게 이곳은 천국이었다. 녀석은 영원히 이곳을 떠나고 싶지 않았을 것이다. 코난은 테니스공을 문 채 물 위를 동동 떠다니다가, 제 이름을 부르는 나를 뚱하게 쳐다보고는 다시 물속에서 제 갈 길을 가곤 했다. 엄마 말 안 듣는 개구쟁이는 몹시 행복해 보였다.

점심도 무료로 제공되었다. 메뉴는 현장에서 불을 지펴 구운 햄버거와 핫도그, 샐러드, 컵케이크와 쿠키 등이었다. 모두들 따끈하고 정갈한 식사를 받아들고 버몬트의 산등성이 여기저기에서 평화로운 점심을 즐겼다. 이날 총 100마리의 개(골든 리트리버 97마리, 그 외 3마리)와 그 가족들이 참석한 것으로 집계되었다. 놀라운 것은 100마리나 되는 개들이 하루종일 목줄을 풀고 뛰놀았지만 개들 사이에, 그리고 개와 사람 사이에 단 한 건의 분쟁도 일어나지 않았다는 것이다. 사회화가 잘 된, 놀 줄 아는 녀석들의 파티는 그렇게 성공적으로 마무리되었다.

97마리의 골든 중에서 우리는 과연 코난을 찾아낼 수 있었을까? 그놈이 그놈 같을 줄 알았던 '개 얼굴'은 신기하게도 저마다 달랐다. 적어도 우리 눈에는. 100마리의 닮은 개 중 내 새끼를 찾아내는 능력, 그건 바로 사랑의 힘이다.

찾았다, 코난!

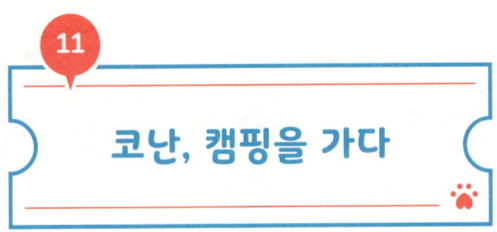

코난, 캠핑을 가다

미국 동부의 아카디아 국립공원을 가다

나는 캠핑형 인간이 아니다. 전국 방방곡곡 촬영 다니느라 모텔 잠을 잔 세월이 20년. 여행할 때 잠자리만은 쾌적한 호텔이 좋았다. 나에게 캠핑은 사서하는 고생이었지만 가족들은 코난과 함께하는 캠핑을 꿈꿨다.

"우리도 캠핑 한번 가보자. 모닥불 피우고 밖에서 자고, 재밌을 것 같지 않아?"

가족들의 기대를 저버릴 수 없었다. 코난과 함께 야외에서 잔다? 특별한 경험이 될 것도 같았다.

'Maine, The way life should be.'

메인주의 슬로건을 보니 분명 도시와는 다른 풍경, 다른 삶이 우리를 기다리고 있을 거란 기대감에 갑자기 가슴이 두근거렸다. 메인주의 아카디아 국립공원Acadia National Park은 동부에서 최초로 국립공원으로 지정된 곳이라고 하니, 동부를 대표하는 아름다운 자연임에 틀림없을 것이다. 우리는 꾸준히 캠핑을 다닐 형편은 아니어서, 침낭만 구입하고 나머지 필요한 용품은 빌리기로 했다. REI라는 캠핑용품 대여 및 판매점에 가보니, 넓은 매장에 텐트, 접이식 의자, 해먹, 그릇이며 아웃도어 의류까지 없는 물건이 없었다. 각종 지도와 아날로그 놀이도구, 별자리 안내서와 심지어 야생동물의 발자국을 식별하는 포켓북까지 판매하고 있었다. 우리는 4인용 텐트와 바닥에서 올라오는 한기를 막아줄 매트, 그리고 스토브를 빌리기로 했다.

코난과의 든든한 야외 취침

캠핑 날이 오고, 2박 3일치 코난의 식사와, 접으면 납작해지는 야외용 밥그릇을 챙겼다. 텐트 문을 열면 바로 자연이니 배변판은 필요치 않았다. REI에 도착해 남편과 아이들이 예약한 물건을 가지러 간 사이, 나는 코난과 함께 문 앞에서 기다리고 있었다.

"참 멋진 개네요."

매장을 방문한 사람들이 저마다 덕담을 하고 지나가는데, 양쪽 팔에 문신을 한 남자가 다가오더니 물었다.

"만져도 되나요?"

남자는 능숙한 솜씨로 코난의 머리와 귀를 부비부비 만져주었다.

"개를 좋아하세요?"

"네. 세 마리 키우는데 귀가 먼 래브라도, 앞 못 보는 박서, 열 살이 넘은 피트불이에요."

그 조합은 필시 보호소에서 입양되기 어려운 아이들을 데려온 결과일 것이다.

"입양하셨어요?"

"네, 보호소에 있는데 아무도 입양하려고 하질 않았어요. 저한테는 참 사랑스러운 녀석들이죠. 캠핑 가시나요?"

"네. 저희도, 이 녀석도 캠핑은 처음이에요."

"딱 좋은 계절이네요. 재밌게 다녀오렴, 코난."

오며 가며 나누는 애견인들과의 대화는 늘 이렇게 즐겁다.

메인주는 남쪽으로 매사추세츠, 북쪽으로는 캐나다와 인접한 주다. 이웃한 주인데도 보스턴을 출발해 아카디아까지 장장 다섯 시간 반이 걸렸다. 캠핑장마다 돌을 괴어놓고 모닥불을 피울 수 있도록 해놓았다는데, 우리는 땔나무를 준비하지 못했다. 나무를 어디서 사야 하나 걱정하고 있는데, 캠핑장 가까이에 다다르자 도로 양쪽 가정집 마당에 무인판매대가 줄줄이 나타났다. 판매대에는 '캠프 우드 Camp Wood'란 팻말과 함께 친절한(?) 안내문이 붙어 있었다.

'한 묶음에 3달러. 거스름돈 달라고 벨 누르지 마세요.'

양심껏 상자에 돈을 넣고 나무를 가져가면 되었다. 나중에 알고 보니 국립공원 측은 땔감으로 다른 지역의 나무를 가져오지 말 것을 당부하고 있었다. 나무를 통해 외래종 벌레가 유입되면 자연환경에 큰 위협이 되기 때문이다.

아카디아 국립공원 안에는 열여섯 개의 캠프 그라운드가 있는데, 그중 세 곳이 개를 허용한다. 우리는 바닷가에 인접한 '시월 Seawall 캠핑장'을 택했다. 80달러를 내고 국립공원 연간 회원 가입을 하면 1년 동안 어느 국립공원이건 횟수 제한 없이 여행할 수 있다. 캠핑장 이용료는 1박에 30달러. 옆집과 공간이 넉넉하게 떨어져 있고 나무들이 자연스레 병풍을 만들어주어 아늑했다. 캠핑장에 도착한 건 저녁 6시 무렵이었다.

"곧 해가 지겠는데? 서두르자."

텐트 치는 일은 남편이 주도하고 아이들이 거들었다. 티타늄 폴과

얇은 방수 천으로 된 텐트는 초등학교 걸스카우트 캠핑 때 보던 투박한 텐트와는 엄청난 차이가 있었다. 하긴, 벌써 30년도 더 된 일이다. 최신형 텐트는 생각보다 수월하게 설치되었다. 남편은 추가 땔나무와 모기향을 사러 나가고 아이들은 취사용 수도에서 양상추와 오이를 씻었다. 채소를 좋아하는 코난은 아이들이 씻다가 떨어뜨린 양상추를 아삭아삭 씹어 먹었다. 전기가 없는 캠프 그라운드. 나는 스토브에 불을 붙여 배추김치에 베이컨을 곁들여 볶고 약간의 고기를 구웠다. 그리고 오랜만에 전기밥솥이 아닌 냄비에 밥을 지었다. 미국 북동부의 아카디아 국립공원에 갓 지은 밥 냄새와 김치볶음 냄새가 퍼졌다. '음, 고향의 냄새야.' 코난은 코를 벌름거렸다. 여행용 밥그릇에 제 밥을 먹고 난 후 코난은 소고기도 몇 점 챙겼다.

"캠핑하면 역시 스모어지."

기다란 꼬챙이에 끼워 모닥불에 구운 마시멜로. 이걸 초콜릿과 함께 비스킷 사이에 끼우면 스모어란 간식이 된다. 미국 아이들의 캠핑에서 빠질 수 없는 상징적인 음식이기에 우리도 한번 해보았다. 모닥불에 표면이 살짝 녹아내린 마시멜로의 달콤한 향기에 코난이 '나도 한입만' 하는 표정을 지었지만 너무 달아서 줄 수는 없었다.

국립공원의 개에 관련된 규정은 매우 엄격하다. 늘 목줄을 매고 있어야 하는데, 줄 길이는 6피트(1.8미터) 이내로 제한된다. 첫째, 개의 안전을 위해, 둘째 다른 방문객들의 안전을 위해, 그리고 셋째로 자연을 보호하기 위해서다. 개를 풀어놓았다가 절벽에서 발을 헛디

더서 부상을 당하는 경우도 있고, 야생동물을 쫓거나 쫓기는 상황에 처하기도 한다. 운좋게 무사귀환하더라도 뜻하지 않게 야생동물을 캠핑장으로 유인할 수 있다. 우리는 산책 때 쓰는 목줄보다 조금 긴 줄을 가져와서 묵직한 테이블에 고정시키고, 코난이 주변을 왔다갔다할 수 있도록 했다.

만일 화장실이 지저분했더라면 나는 캠핑 같은 건 다시는 가지 않겠다고 선언했을 것이다. 다행히 아침저녁으로 카키색 제복을 입은 직원들이 말끔히 청소를 해 매우 깨끗했는데, 화장실 문 앞에는 너구리 그림이 그려진 경고문이 붙어 있었다.

A fed raccoon is a dead raccoon.

사람들이 주는 음식을 받아먹은 너구리는 죽은 목숨이 된다? 내용은 이렇다. 야생 너구리에게 먹이를 주면, 너구리는 캠퍼들에게 끊임없이 구걸을 하고, 음식을 찾아 캠핑장에서 난동을 부리게 된다. 또, 음식물을 받아먹는 과정에서 사람 손을 물어 광견병을 퍼뜨릴 수도 있다는 것이다. 따라서 사람과 접촉한 너구리로 판명되면 규정상 살처분하도록 되어 있다. 야생 너구리에게 베푼 부적절한 친절이 그들을 죽음에 이르게 하는 것이다. 우리는 음식 재료를 모두 차 안에 넣고 잠가 야생동물의 접근을 차단했다.

밤이 되자 모기가 들끓었다.

캠핑장 근처에선 우리가 어렸을 때 쓰던 초록색 모기향을 팔고 있었다. 모양은 뱅글뱅글 돌아가는 회오리 모양이 아니라 굵은 막대 형태로, 땅에 꽂아 쓰도록 되어 있었다. 모기향이 방어를 해주기는 했지만 우리는 결국 모기에게 팔다리를 이리저리 뜯겨 오래 버티지 못했다. 이러다 코난도 물리는 것 아닌가 싶어, 녀석을 데리고 얼른 텐트 안으로 피신했다. 코난이 표정으로 말했다. '엄마, 집 놔두고 왜 여기서 자요?' 코난은 가족들 사이에 자리를 잡았다. 다리 위로 삼십 몇 킬로그램의 녀석이 묵직하게 느껴졌다.

한밤중, 잠이 들었는데 갑자기 코난이 후다닥 일어나 귀를 쫑긋하더니 으르렁거리며 주위를 살폈다. 혹시 곰이 나타난 걸까? 여우나 너구리 같은 녀석들이 텐트 근처를 어슬렁거리는 건 아닐까. 일순 긴장해서 나도 잠이 확 달아났다. 코난은 일어나서 한참 경계했다. 생각해보면 우리는 야생동물이 돌아다니는 숲속에서 얇은 천 하나를 보호막 삼아 잠을 자고 있는 것이다. 상대의 정체를 알 수 없기에 느껴지는 공포감은 생각보다 크다. 잠시 후 코난이 경계를 풀고 다시 잠자리에 누웠다. 큰 짐승이건 작은 녀석이건 무언가 왔다 간 것이 틀림없다. 무방비상태의 우리에게 코난은 든든한 보디가드가 되어주었다.

"진아, 코난 쉬 좀 누이고 오렴."

캠핑장의 아침이 밝았다. 애견인에게 캠핑이 편리한 점은, 텐트 지퍼 하나만 열면 바로 산책과 볼일 보기가 가능하다는 것이다. 동서남북 위아래 어디든 자연이었다. 향긋한 나무 냄새를 맡으면서 숲길을 어슬렁어슬렁 걷다보니 개를 데리고 온 사람들이 눈에 띄었다. 많게는 한 가족이 세 마리의 개를 데리고 오기도 했다. 서로 멀리서 눈인사를 할 뿐 가까이 다가가지는 않았다. 휴식중에는 그런 거리감도 편안하고 좋았다. 산책과 커피, 그리고 숲 냄새. 캠핑장의 아침은 그것만으로 풍요롭다.

오래도록 잊지 못할 캠핑의 추억

우리는 캠핑장을 나와 캐딜락 마운틴 Cadillac Mountain 으로 향했다. 산 정상의 넓적한 바위 위에서 프렌치맨 베이 쪽을 바라보니 작은 섬들이 어미 오리를 따라가는 새끼 오리들처럼 줄지어 있었다. 미국 사람들은 이 섬에 대머리 포큐파인(호저. 몸과 꼬리가 가시로 덮여 있는 동물. 산미치광이로 불리기도 한다.), 양 포큐파인 같은 이름을 붙여놓았다. 코난과 함께 넓적한 바위 위에 서서 바람을 맞았다. 대서양에서 불어오는 바람이 제법 거셌다.

캐딜락 마운틴을 내려와 항구 마을 바 하버로 갔다. 바 하버 Bar Harbor 는 19세기 뉴잉글랜드 최고의 여름 휴양지로 꼽혔던 곳, 넬슨 록펠러가 태어나고 매년 여름을 보냈으며 포드 등 미국 유력 가문의 저택과 별장이 줄지어 있던 곳이다. 바 하버의 메인 스트리트에는 길 양쪽으로 아기자기한 기념품 가게와 아이스크림 가게가 늘어서 있었

다. 메인주의 특산물이라 하면 뭐니 뭐니 해도 로브스터, 그리고 아이스크림.

여러 아이스크림 가게 중 '벤과 빌의 초콜릿 상점'이란 곳에 들어간 건 3단 아이스크림 콘을 들고 있는 커다란 로브스터 조각상이 눈길을 사로잡았기 때문이다. 아이들과 가게에 들어간 남편이 잠시 후 호기심 어린 표정으로 들고 나온 것도 바로 로브스터 아이스크림이었다! 한 스푼 떠먹어 보니, 달콤한 바닐라 아이스크림에 짭짤한 로브스터 살이 어우러져 묘한 맛이 났다. 엄청난 해파리떼가 출현한 일본의 어느 지자체에서 아이디어를 내, 해파리 아이스크림을 개발했다는 이야기를 들은 적이 있는데, 독특하기로 치면 해파리 아이스크림과 로브스터 아이스크림, 둘은 우열을 가리기 힘든 쌍두마차일 것이다. 나중에 보스턴에 돌아와 친구 알리샤의 중학생 딸 질리언에게 로브스터 아이스크림 이야기를 해주었더니 반응은 이랬다.

"우웩! Eww!"

다행히 코난은 이 창조적인 해산물 아이스크림을 아주 맘에 들어 했다. 로브스터 아이스크림의 오묘한 맛은 강렬한 미각의 기억으로, 3달러짜리 나무로 피운 모닥불 향기는 코의 기억으로 남아 아카디아 캠핑을 오래도록 추억하게 해주었다.

개바보 가족 이야기

"코난을 키우지 않았으면 어땠을까?"

"인생이 조금 덜 힘들고 덜 재미있었겠지."

코난이 우리집에 온 지 2년쯤 되던 날 남편과 나눈 대화다. 실내외 배변을 겸하는 코난 덕에 하루에도 수차례 대형 배변판을 닦는 일은 우리에게 아주 규칙적이고 꾸준한 노동이 되어 있었다. 어쩌다 녀석은 이리도 은밀하게 우리 삶에 들어와 주인이 된 걸까.

골든 리트리버를 키우고 싶다는 건 가족의 공통된 생각이었다. 하지만 인생 최초로 실내에서 키우게 될 개가 몸무게 30킬로그램이 넘는 대형견이라니. 몸집을 가늠해보았다. 거대한 녀석이 집안을 어슬렁거릴 걸 상상하니 조금 부담스러웠다. 코난을 데려오기 전 몇몇 브리더를 방문했었는데 남편은 훗날, 큰 개를 보니 솔직히 조금 무서웠다고 고백했다. 우여곡절 끝에 2년이 지난 지금, 우리집엔 큰 개 한 마리와 개바보 넷이 살고 있다.

가장 큰 변화는 남편에게서 일어났다. 남편은 살면서 한 번도 동물을 키워본 적이 없는 사람이다. 자연히 동물과의 교감은 생각해본 적이 없다고 한다. 인생에 개가 들어오리라고는 상상도 못했던 그 남자는 이제 잠든 코난에게 쪽쪽 뽀뽀를 하고, 입에 묻은 개털을 쓰윽 닦아낸다. 주말에 낮잠을 잘 땐 코난이 누워 있는 곳에 가서 앞다리를 목에 걸쳐 개 목도리를 두르고 잠을 청하고, "코난, 아빠 좋아?"란 대사를 부끄럼도 없이 수시로 내뱉는다.

서연이는 어느 날 고기를 먹지 않겠다고 선언했다. 동생 코난이 이렇게 소중한데 다른 동물들을 먹는 것은 너무 잔인하다는 이유였다. 논리적으로 지당한 열 살 딸의 말에, 남편과 나는 네 뜻대로 하라고 선뜻 지지하지 못했다. 고기를 적게 먹으면서 천천히 생각해보자고 설득하면서 시간을 벌고 있다. 딸은 육식을 완전히 끊지는 않았지만, 일주일씩 간헐적 채식을 하고 있다.

어느 날 밤, 진이가 창가에서 자고 있는 코난 옆에 누워 말했다.

"코난, 별 보여? 한국에 돌아가면 여기서처럼 밖에서 많이 못 놀지도 몰라. 그러니까 도그 파크랑 바다에서 열심히 뛰어놀아."

그건 바로 내가 아이들에게 해주고 싶은 말이었다. 아이들은 코난을 키우면서 자기보다 여린 존재, 돌보아야 할 존재에 대해 생각하게 되었다. 코난 입에 맛난 것이 들어가면 흐뭇해하고, 아픈 곳이 있으면 애처로워한다. 아이들이 코난과 함께하지 않았다면 이런 감정은 지금 나이에 아마 느끼지 못했을 것이다. 아이들은 다양한 감정들을 배워가는 중이다.

"코난 덕분에 엄마 아빠 마음을 조금은 이해할 수 있을 것 같아."

쌍둥이들은 견생이 10년 남짓이란 걸 알고 나서 삶과 죽음에 대해 생각하게 되었다. 삶은 영원한 것이 아님을, 그리고 행복이란 거창한 것이 아님을 깨달아 가는 중이다. 우리를 바보로 만든 그 녀석. 사람이 개를 키우는가 싶었더니 개가 사람을 키우고 있었다.

♥ #나어릴적 #형제의꿈

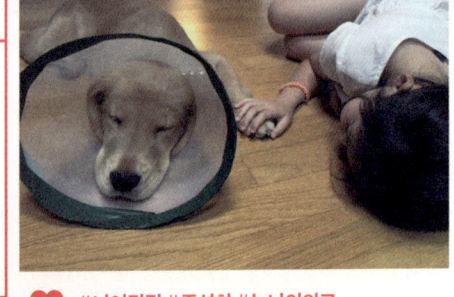

♥ #나어릴적 #중성화 #누나의위로

♥ #하드트레이너 #왜하필당근

♥ #삼남매인증

♥ #언제까지나함께

♥ #비오는날 #베프

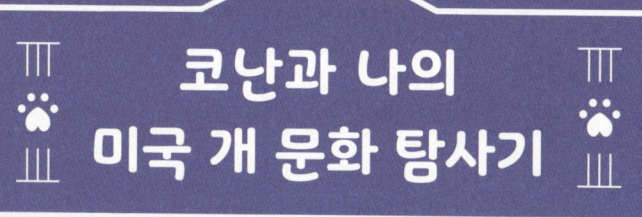

코난과 나의
미국 개 문화 탐사기

2

개 문화 탐사를 시작하며:

다큐멘터리 '도시의 개' 그리고 효리의 힘

2010년, 나는 〈MBC스페셜〉에서 '도시의 개'라는 제목의 다큐멘터리를 기획하고 제작했다. 그런데 이 프로그램이 2년 뒤에 갑자기 재조명되는 일이 생겼다. 이효리라는 이 시대 동물사랑의 아이콘이 SBS 〈힐링캠프〉에 나와서, 인생의 전환점을 만들어준 것이 바로 '도시의 개'라는 다큐멘터리였다고 말한 것이다. 효리는 표절 시비로 마음고생을 하던 시절 우연히 '도시의 개'를 보게 되었고, '내가 하고 싶은 일이 바로 이거다'라고 깨달았다고 했다. 2000년대 초반 핑클의 멤버들이 개인 활동을 시작할 무렵, 나는 효리를 MC로 〈타임머신〉이라는 프로그램을 제작하고 줄곧 20퍼센트가 넘는 높은 시청률을 기록했던 인연이 있지만 이후 개인적인 친분을 이어오지는 않았다. 그런데 내가 만든 다큐가 효리의 인생에 영향을 주었다니! 영광이자 보람이었다.

'도시의 개'는 소위 강아지 공장 puppy mill과 보호소의 살처분 문제를 집중적으로 다룬 다큐멘터리였다. 그런데 취재를 하면서 유기견 문제는 단순히 '버리는 행위'의 문제가 아니라 무분별한 생산, 유기, 살처분殺處分이라는 악순환 구조 속에 있다는 사실을 깨닫게 되었다. 생명을 돈으로만 여기는 생산자와 귀여움의 소비만을 추구하는 소비자. 이 환상의 조합이 비극을 초래하고 있었던 것이다.

우리는 당시 미국에서 강아지 공장 문제에 집중하고 있던 휴메인 소사이어티의 자료를 바탕으로 라스베이거스와 샌프란시스코 지역을 취재했다. 수많은 미국 도시 중 라스베이거스를 택한 이유는 유동인구가 많은 이 도시에서 유독 많은 개들이 버려지고, 과밀한 시영 보호소에서 건강한 동물들의 살처분이 꾸준하게 이루어지고 있었기 때문이다.

우리는 떠돌이 개를 포획하는 애니멀 컨트롤 요원들을 밀착 취재했다. 애니멀 컨트롤은 어린이 애니메이션에서 주로 악역으로 등장한다. 애니메이션의 주인공들이 의인화된 떠돌이 동물인 경우가 많아 이들을 잡으러 다니는 역할은 아무래도 '나쁜 놈'으로 그려지는 것 같다. 클라크 카운티의 데이비드 마치는 떠돌이 개가 나타났다는 신고를 받으면 출동해서 동물을 포획해 보호소로 보내는 일을 맡고 있었다. 내가 본 그는 주민의 안전을 위해 맡은 바 역할을 묵묵히 수행할 뿐 '나쁜 놈'은 아니었다. 우리는 포화상태의 시영 보호소에서 안락사를 맡는 수의사와 테크니션들을 만났다. 인터뷰를 꺼릴 만도 하건만 방송 취지를 설명하자 흔쾌히 이야기를 해주었다.

"역겹게 들릴지 모르겠지만 저는 동물들이 마지막 순간이라도 편안하게 보내길 바랐어요. 누군가가 조금이라도 사랑했었다는 걸 느끼게 해주고 싶었습니다."

동물보호소에서 테크니션으로 일하던 시절 수많은 개들을 살처분해야 했던 D.J. 콕스웰이 눈물을 흘렸다. 그는 정신적인 고통에 시달리다 결국 직장을 그만두었다. 시영 보호소의 수의사 헨더슨은 보호소 뒤편에 놓여 있는 커다란 소각로를 보여주었다.

"1년에 수백만 마리의 동물이 살처분된다는 건 미국의 더러운 비밀입니다."

소각로 문을 열자 화장을 앞둔, 산더미처럼 쌓인 동물 사체가 눈에 들어왔다. 그 한 장면이 모든 문제를 압축적으로 보여주고 있었다.

"이것도 좀 찍어주시겠어요?"

나는 동행한 카메라맨에게 촬영을 부탁했다. 헨더슨은 촬영을 막지는 않았지만 이렇게 말했다.

"이건 방송에 내지 않았으면 해요. 너무 끔찍해서 말이죠."

그러지 않아도 테이프를 보게 될 작가, 스태프들과 실태를 공유하기 위해 찍어두었을 뿐 방송으로 내보낼 생각은 없었다. 너무나 참혹했기 때문이었다. 하지만 우리가 그 장면을 목격한 것은 의미가 있었다. 시청자들에게 어떤 메시지를 전달해야 할지 강렬하게 느꼈기 때문이다. 나는 보호소에서 비극적인 임무를 맡은 이들을 비난할 수가 없었다. 정작 비난받아 마땅한 건 무분별하게 개를 생산한 이들, 그리고 그 개들을 아무 생각 없이 사고 버린 이들이기 때문이다.

방송은 2010년 10월에 방송되었는데 같은 시각, 공교롭게도 당시 최고의 인기를 누리던 〈슈퍼스타K2〉 최종회가 방송되었다. 10퍼센트는 충분히 넘길 것이라고 예상했던 '도시의 개'의 시청률은 아쉽게도 7퍼센트에 머물고 말았다. 그런데 이효리라는 영향력 있는 시청자가 우리 프로그램을 보고 있을 것이라고는 생각지 못했다. 한 편의 다큐멘터리가 마음씨 고운 한 유명인의 마음속에서 화학작용을 일으켰고, 그녀 인생에 터닝포인트를 제공했다. 그리고 그녀의 아름다운 행동은 지금도 사회에 선한 영향력을 미치고 있다.

'도시의 개'에서 전한 참상은 미국에도, 우리 사회에도 여전히 존재한다. 이 어두운 현실을 걷어내기 위한 노력과 더불어 이제 또다른 시도가 필요하다는 생각이 든다. 사랑하는 반려견의 삶의 질을 높이기 위해서는 어떤 것들이 필요할까. 개를 둘러싼 미국 사회의 흥미로운 이야기들을 취재해보았다.

사고친 개에게도 변호사가 필요하다

코난과 나의
미국 개 문화 탐사기

개 변호사, 제러미 코헨을 만나다

개를 변호하는 변호사가 있다. 개 변호사라는 이야기를 듣는 순간, 나는 그가 하는 일이 다른 개에게 물린 개를 변호해 치료비를 받아내거나 학대받는 개들을 못된 주인으로부터 구출하는 일이겠거니 생각했다. 그런데 그가 변호하는 건 물린 개가 아니라 주로 다른 개나 사람을 문 개들이란다. '가해견'을 변호하다니, 개 변호사가 궁금했다.

그에게 만나고 싶다는 메일을 띄웠더니 얼마 지나지 않아 흔쾌히 인터뷰에 응하겠다는 답장을 보내왔다. 나는 보스턴에서 북쪽으로 한 시간 거리에 있는 세일럼으로 향했다.

제러미 코헨Jeremy Cohen. 보스턴에서 나고 자란 '보스턴 도그 로이어'는 세 살짜리 골든 리트리버 메이지와 함께 사무실에 있었다. 곱슬곱슬한 금색 털을 가진 메이지는 통통한 몸매에 애교가 넘치는 아가씨였다.

"개 관련 소송 중 반은 물고 물리는 사건, 반은 '양육권' 분쟁이에요. 사실 미국에서도 예전엔 상상하지 못했던 일이죠."

그가 맡았던 개 사건 중 니체의 이야기를 들어보자. 2009년 9월, 네 살 보더콜리 니체는 보스턴에 사는 여성을 문 죄로 '사형 선고'를 받았다. 사실 니체는 강아지 시절에 이미 성인 여성과 열한 살짜리 여자아이를 문 전력이 있었다. 그 일로 행정위원들의 결정에 따라 외출 시에는 입마개를 착용해야 했다. 견주는 3년 동안 명령을 따랐지만 어느 날 입마개 없이 밖에 나갔다가 또다시 니체가 사람을 무는 일이 발생하고 말았다. 설상가상, 이번엔 살처분이라니. 이대로 니체를 보낼 수 없어 소송까지 하게 되었다고 한다.

"개가 벌인 일 자체를 부인하는 건 아니에요. 하지만 니체를 죽이라는 처분이 내려지기까지 자세한 사건 경위나 니체가 처한 환경에 대해서는 아무도 알아보려 하지 않았어요. '이 개는 사람을 물었으니 제거해야 해.' 이런 식이었죠."

코헨 변호사에 따르면, 니체의 주인은 신체장애에 약물 중독이 있는 사람이었다고 한다. 어릴 때부터 보더콜리를 키우는 것이 꿈이어서 어렵게 니체를 입양해 키우게 되었는데, 거동이 불편한 주인은 3층에 위치한 좁은 아파트에 살면서 니체에게 충분한 산책은 물론 기본적인 훈련도 시키지 못하고 있었다. 에너지가 넘치는 보더콜리에겐 최악의 환경이었다. 게다가 견주는 이따금 니체와 외출할 때 목줄을 매는 기본적인 규칙도 지키지 않았다.

"개가 사람을 문 경우, 대개 개한테 처벌이 주어져요. 주인이 관리를 잘못해서 벌어지는 경우가 대부분인데도 말이에요."

코헨 변호사는 니체가 처한 상황을 자세히 알리면서 죽음만은 면하게 해달라고 재판부에 호소했다. 그리고 보더콜리 구조단체와 협력하여 새로운 주인을 찾아주는 방안을 제시했다. 처음엔 의뢰인인 견주조차 난감해했지만 재판의 목적은 니체의 생명을 지키는 것. 주인은 이내 받아들였다. 결국 재판에서 승소, 네 살 어린 나이에 '나쁜 개'로 낙인찍혀 죽을 뻔했던 니체는 메인주에 사는 새 가족을 만나 열한 살까지 행복한 삶을 살았다.

미국에선 개에게 물리는 사건이 발생하면 많은 경우 소송으로 간다. 소송을 통해 피해자는 치료비며 정신적 피해 보상을 받는데, 피해자를 변호하는 변호사는 많다. 반면, 남을 문 개는 잘못에 대한 대가로 살처분당하기도 하는데, 이런 개들을 변호하려는 변호사는 거의 없다. 아무리 생명 존중을 위한 일이라 하더라도 그는 소위 '나쁜 개'를 변호하는 변호사다. 나는 묻지 않을 수 없었다.

"사람들이 욕 안 해요?"

"욕이요? 항상 먹죠. 법원에 들어갈 때 경찰 에스코트를 받을 때도 많아요. 입구에서 사람들이 기다리고 있다가 저한테 저주를 퍼붓거든요. '니 가족이 한번 물려봐야 정신을 차리지!'라면서 소리를 지른다던가. 하지만 괜찮아요. 제가 하는 일은 아무도 하려 하지 않는 일이고, 또 세상에 변화를 이끌어내는 일이라고 생각하거든요. 혹시 그들의 개가 사고를 친다면 아마 가장 먼저 생각나는 게 제 이름일 걸요."

첫번째 사건, 아내의 전남편 개

원래 개 변호사 코헨 씨는 제너럴 일렉트릭GE사의 보험 담당 변호사로 일했었다. 보험 일은 즐겁지 않았다. 회사를 나와 동료와 함께 로펌을 차렸는데, 직원을 스무 명 넘게 둘 정도로 규모가 커졌다. 그는 2014년에 로펌을 매각하고 지금의 사무실을 열었다. 그가 변호한 첫번째 개는 바로 아내의 전남편이 키우던 개였다. 저먼 셰퍼드 제시는 이웃을 문 죄로 고발당해, 10일 안에 죽을 위기에 놓였다.

"첫 사건이었기 때문에 당시엔 개에 관한 법 조항조차 자세히 몰랐어요. 사건이 소송으로 가기 전, 행정위원들의 결정을 지켜보았는데 투표로 10분도 안 돼 살처분을 결정하더라고요. 법적으로 개는 소유물, 재산이죠. 재산을 처분할 때 절차 없이 처분되지 않아요. 그 절차란 게 바로 공정한 심리審理거든요. 그런데, 개와 관련된 사건에선 공정한 심리가 이루어지지 않아요. 경찰이 사건을 인지하고 개를 데려가면, 상황에 대한 질문도 없이 죽음에 처해지죠. 공정한 기회를 줘서 죽음 이외의 다른 방법을 찾아야 한다고 생각했어요."

개와 견주 모두 새롭게 교육을 받고 매사추세츠주를 떠나는 조건으로, 제시는 화를 면하게 되었다. 제시는 가족과 함께 뉴욕주로 이사를 가 열세 살까지 행복하게 살다가 암으로 무지개다리를 건넜다. 개 사건은 차치하고, 아내의 전남편 개를 변호하다니 코헨 씨는 쿨한 사람임이 분명하다.

강아지 '양육권 분쟁'

보스턴에 살던 30대 초반의 남녀가 사랑에 종말을 고했다. 문제는 함께 키우던 개 잭슨의 향방이었다. 두 남녀 모두 잭슨을 자기 개라고 주장했다. 코헨 씨가 맡는 사건의 반은 물고 물리는 '도그 바이트 dog bite' 사건, 반은 '양육권 분쟁'이다. 사실 법적으로 반려견은 어디까지나 재산, 물건으로 간주되기 때문에 정확히 말하면 소유권 분쟁이다. 최근 미국에선, 연인들이 함께 살면서 개를 키우다가 헤어질 때 누가 개를 키울 것이냐를 두고 싸움이 벌어지는 일이 늘고 있다.

"'양육권 분쟁custody cases'이 재미있는 건, 여자 쪽 이야기를 들으면, '음, 이 개는 분명히 여자 개가 맞네'라는 생각이 들어요. 그런데 또 남자 이야기를 들으면, '어? 남자 개네!'라는 생각이 들거든요."

코헨 변호사가 웃으며 말했다. 이혼 소송에서는 아이들 양육권, 집이나 차, 그 외 재산에 대한 권리 분할 등 다퉈야 할 부분이 많지만, 헤어지는 연인 사이에서 다툼의 대상이 되는 건 딱 한 가지, 개나 고양이뿐이라고 한다.

"코난은 이름을 누가 지었어요?" 그가 대뜸 나에게 질문을 던졌다.

"가족들이 후보를 여럿 두고 이야기하다 만장일치로 정했어요. 처음 코난이란 이름을 꺼낸 건 저였던 것 같고… 앗, 그게 중요한가 보죠?"

"맞아요. 이름을 누가 지었는지도 굉장히 중요해요."

누가 처음 인터넷 검색을 해서 브리더나 보호소를 알아봤는지, 개를 입양하고 키우는 데 드는 비용은 누가 댔는지, 이름은 누가 지었는지도 누가 개의 소유권 혹은 양육권을 갖느냐를 결정하는 데 중요한 요소라고 한다. 코헨 변호사의 의뢰인인 여성이 말했다.

"잭슨의 이름은 제가 지은 거예요. 어릴 때부터 와이오밍의 휴양지 잭슨 홀을 굉장히 좋아했거든요. 그래서 어린 시절 키우던 불도그의 이름도 잭슨이었고, 이번에도 잭슨이라고 이름을 지은 거예요."

남자의 반격이 이어졌다.

"무슨 소리! 그 이름은 제가 지은 건데요? 제가 가장 좋아하는 야구선수가 레지 잭슨Reggie Jackson이라 개 이름을 잭슨이라고 지은 거라고요."

레지 잭슨은 오클랜드 애슬래틱스의 9번과 뉴욕 양키스의 44번을 영구결번으로 만든 전설적 사나이. 왠지 느낌이 강력하다.

"두 사람 말 모두 진실이있을 가능성은 없을까요?"

"그럴 수 있죠."

개 변호사의 시큰둥한 대답이 이어졌다. 정말 우연히, 기적적으로 두 사람의 생각이 맞아떨어져 개의 이름이 잭슨이 되었을 가능성도 없지는 않다. 하지만 여자는, 남자가 거짓말을 하고 있다고 주장했다. 여자의 주장이 사실로 받아들여지더라도 이름에 관한 이야기는 재판부가 참고하는 하나의 요소일 뿐, 재판 결과를 온전히 결정짓지는 못한다. 남자는 잭슨의 병원비며 약, 사료, 장난감을 산 영수증까지 차곡차곡 모아두고 있었다. 잭슨이 남자의 개라는 결정적인 물증이었다. 게다가 그 역시 강력한 변호사를 선임하고 있었다. 키우던 개를 서로 키우지 않겠다며 보호소로 보내는 것보다는 훨씬 다행스러운 상황일지 모른다. 하지만 소송까지 벌일 만큼 아끼는 존재와 누군가 하나는 이별해야 하는 상황, 비극이 아닐 수 없다. 과연 재판 결과는 어떻게 되었을까.

"판사의 판결이 뭐였는지 아세요? 1년 중 6개월은 여자가, 6개월은 남자가 키우라는 거였어요. 물론 의뢰인인 여성은 굉장히 슬퍼했어요. 잭슨을 온전히 자기가 키우길 원했거든요."

더욱 비극적인 사실. 여자는 일 때문에 보스턴을 떠나 포틀랜드로 이사를 가야했다. 나는 서부 오레곤주의 포틀랜드인지 동부 메인주의 포틀랜드인지 물었다. 저런, 오레곤이었다. 대서양을 바라보는 동부의 끝 보스턴과 태평양을 바라보는 서부의 끝 포틀랜드. 자동차로 쉬지 않고 달려 대륙을 횡단할 경우 이론적으로 마흔여섯 시간, 비행기로도 일곱 시간 가까이 걸리는 이 거리를 잭슨은 6개월마다 과연 어떻게 횡단할 것인가. 그리고 이미 끝나버린 두 연인은 개 때문에 1년에 두 번씩 어색한 만남을 반복해야 할 것인가. 이후 잭슨의 생활은 알려지지 않았다.

미국의 개 '양육권' 분쟁. 지금은 다소 황당하게 들릴지 모르지만 가까운 미래에 우리 주변에서도 이런 소송 남녀들을 흔히 발견하게 될지도 모른다. 반려동물의 숫자가 늘어나고 있고, 혼전동거에 관한 인식도 예전과 달라지는 추세니 말이다. 심지어 변호사 숫자도 늘고 있지 않은가. 지금보다 더 다양한 분야의 소송을 전문적으로 담당하는 변호사들이 생겨날 것이다. 연인들이여, 함께 개를 키우기로 결심했다면 생각해보자. 헤어질 때 사랑스러운 개를 쿨하게 내어줄 생각이라면 상관없다. 하지만 지금 열렬히 사랑해 하늘이 두 쪽 나도 헤어질 일이 없을 것 같더라도 만일의 경우에 대비하고 싶다면 증거를 모아두자. 사람 일이란 모르는 거니까.

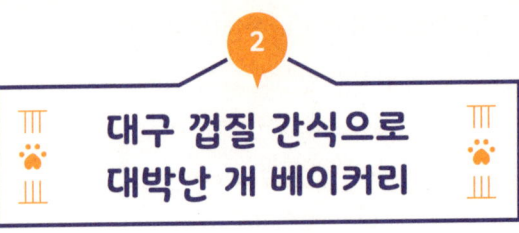

2 대구 껍질 간식으로 대박난 개 베이커리

지나칠 수 없는 사탕가게, 폴카 도그 베이커리

보스턴의 우리집 근처에 눈길이 가는 상점이 하나 있었다. 바로 '폴카 도그 베이커리Polka Dog Bakery'라는 개 간식 집이었다. 우리나라에도 반려견 용품점에서 간식을 팔기는 하지만, 개 베이커리를 표방한 오프라인 매장은 그때까지 본 적이 없었기에 호기심이 갔다.

어느 날 '오늘은 목적지를 둔 산책을 해보자'는 생각으로 코난과 함께 집 앞 큰 사거리를 건너 개 베이커리로 향했다. 오렌지색을 상징색으로 한 폴카 도그 베이커리는 보스턴 지역에 다섯 개의 매장이 있는데, 깔끔하고 세련된 모습이 이국적인 사탕가게를 연상시켰다. 멋스러운 양철 버킷엔 다양한 뼈 간식이, 투명한 유리병엔 쿠키며 말린 생선 간식이 가득하다.

"코난, 이곳은 너희들의 천국이야, 그치?" 이렇게 속삭일 무렵, 녀석이 유혹을 견디지 못하고 사고를 쳤다. 말린 고기를 하나 덥석 문

것이다. "코난, 노!" 했지만 녀석은 이미 바닥에 자리까지 잡고 엎드려 바삭하게 건조된 칠면조를 아작아작 씹고 있었다.

눈높이, 코높이, 입높이 위치에 놓인 고기 바구니. 만일 그 강렬한 유혹을 견뎌냈다면 개라기보단 차라리 수도자라 부르는 편이 나았을 것이다. 서둘러 주머니를 뒤져보니 다행히 5달러 지폐가 하나 있었다. 제발 5달러는 넘지 마라. 나는 얼른 칠면조 값을 치르고 가게를 나설 참이었다.

"아까 보셨듯이 얘가 저걸 하나 먹었거든요. 얼만가요?"

"안 내셔도 됩니다. 가격도 뭐, 3달러 50센트밖에 안 하는 걸요."
마침 매장 관리차 방문 중이던 본사의 매니저가 나서서 이야기했다. '고객님'의 마음이란 때로 아주 사소한 배려에도 움직이는 법이다. 나는 이내 이 가게의 단골이 되기로 한다. 솔직히 공짜 간식을 얻었다는 기쁨보다 철부지 코난의 마음을 이해해주었다는 흐뭇함이 더 컸다.

대구 껍질의 혁명

폴카 도그 베이커리의 창업자 로버트 밴 시클Robert Van Sickle을 만난 건 그로부터 몇 달 뒤였다. 『보스턴글로브』에 실렸던 그의 사진을 본 적이 있기에, 매장에 들어서자마자 한눈에 그를 알아보았지만 키가 그렇게 큰 줄은 몰랐다. 거의 2미터 가까이 돼 보였는데, 이 가게의 섬세함을 근거로 내가 추측했던 것과 달리 약간 터프한 느낌을 주는 사람이었다. 이곳에선 다양한 간식을 팔지만 사람들을 끌어들이

폴카 도그 베이커리의 창업자 로버트 밴 시클

는 일등공신은 대구 껍질 간식이다. 쿠키나 치킨 저키라면 다른 곳에서도 얼마든지 구할 수 있지만, 대구 껍질을 말려 만든 간식은 이 가게만의 독특한 상품이다. 어떻게 대구 껍질이란 재료로 개 간식을 만들 생각을 하게 되었을까.

"보스턴항에서 어업을 하는 친구가 어느 날 쓰레기로 버려지는 대구 껍질을 보며 그러더군요. '이 많은 대구 껍질로 뭔가 해볼 순 없을까?' 그때부터 궁리를 시작했죠. 네모난 모양으로 잘라보기도 하고, 돌돌 말아 건조시켜보기도 하고요."

보스턴 슈퍼마켓의 해산물 코너에서 가장 흔하게 눈에 띄는 생선이 바로 대구다. 그런데 미국의 슈퍼마켓에서 대구는 늘 껍질과 가시를 완전히 제거하고 하얀 속살을 드러낸 채로 진열되어 있다. 그는 보스턴 항의 생선 가공장에서 늘 버려지던 두툼한 대구 껍질을 길게 자른 뒤 돌돌 말아 가느다란 막대 모양으로 만든 뒤 건조시켜보았다. 그랬더니 씹을 때 바삭 소리가 나면서 훌륭한 간식이 되었다. 황태처럼 퀴퀴한 냄새가 나는 이 새로운 간식에 대한 반응은 엄청났다. 출시 직후 폴카 도그 제품의 주문은 드라마틱하게 증가했다.

"회사의 성장 과정을 보면 대구 껍질 이전과 이후로 나뉘어요. 대구 껍질이 획기적으로 회사를 살린 셈이죠. 저희 제품을 소매상에 납품하고 있는데, 주문량이 늘어나더니 중부 시카고, 서부 라스베이거스에서도 주문이 들어왔어요. 이제 미국 전역과 캐나다, 타이완, 일본, 아마존에서도 판매하게 되었습니다."

로버트는 핵심 상품의 중요성을 다시 한번 깨달았다. 손님들은 대구 껍질을 사러 왔다가 옆에 있는 다른 상품이 눈에 띄면 '이것도 좋아 보이네' 하면서 함께 구입하는 소비 패턴을 보였다. 히트 상품 하나가 회사의 운명을 바꾸어놓은 것이다.

스토리가 있는 브랜드가 되다

"가느다란 막대 모양의 대구 껍질을 어디에 담으면 좋을지 고민했어요. 제품 용기를 만드는 친구한테 여러 재질과 모양의 용기를 보내보라고 했죠. 봉지 형태, 네모난 상자, 원통형 등등. 길쭉한 대구 껍질은 투명한 플라스틱 원통형 용기에 가장 잘 어울렸어요. 부러지지 않게 보존할 수 있을뿐더러 재미있고 독특한 느낌을 주었거든요."

일러스트레이터인 지인이 그려준 생선 그림을 용기에 붙였더니 선물용으로도 손색없는 제품이 탄생했다. 대구 껍질 간식은 지역 사람들이 힘을 합쳐 만든 종합예술이었다. 지역에서 나는 재료로 만든 '내용'에 아름다운 용기와 디자인이라는 '형식'이 결합되어 브랜드 가치를 갖게 되었다. 내용과 형식에 덧붙여 또 한 가지, '스토리'가 있다. 폴카 도그의 메인 로고는 주황색 바탕에 그려진 개 그림이다. 그런데 귀엽고 예쁜 개가 아니라 뜻밖에도 눈이 하나뿐인, 일그러진 모습의 개다. 이 미스터리한 개의 정체는 무엇일까.

주인공은 로버트와 파트너가 키우던 펄Pearl이라는 이름의 개다. 펄은 남미 푸에르토리코의 거리를 헤매던 떠돌이 개였다.

폴카 도그의 메인 로고는
떠돌이 개 '펄'의 얼굴이다.

코난과 나의
미국 개 문화 탐사기

"친구가 동물 보호단체에서 푸에르토리코의 원숭이들을 구출하는 일을 하고 있었어요.(푸에르토리코에서 실험용 원숭이들이 대량 사육된다는 사실은 나중에 알았다.) 원숭이뿐 아니라 다른 동물들을 구출하는 일도 병행했죠. 그러다 거리를 떠돌던 펄을 데려오게 되었어요. 펄은 듣지도 못하고 눈도 한쪽 밖에 없는 늙은 개였어요."

펄은 미국에 도착해 하룻밤을 로버트의 집에 머문 뒤 다음날 친구의 지인에게 입양될 예정이었다. 드디어 영원한 보금자리를 찾아가나 했는데, 입양된 집에서 키우고 있던 고양이와 펄이 충돌을 일으켰다. 둘이 도저히 한집에 살 수 없는 상황에 이르자, 지인은 어쩔 수 없이 펄을 포기했다.

"보호소로 가거나 아니면 다시 푸에르토리코로 돌아가야 하는 처지가 된 거죠. 몸도 아픈 펄을 또다시 떠돌이 신세가 되도록 내버려둘 순 없었어요."

그것이 폴카 도그 베이커리의 시작이었다. 처음부터 개 간식 사업을 염두에 둔 건 아니었다. 그저 장애를 안고 10년이 넘도록 거리를 떠돈 가여운 영혼을 따뜻하게 보살피고 싶었다. 펄의 남은 생을 풍요롭게 해주고 싶어서 닭고기, 소고기, 생선, 고구마, 호박, 땅콩버터 등 떠오르는 모든 재료로 간식을 만들어 먹였다.

"그때 보스턴 사우스 엔드의 아파트에 살았었거든요. 거긴 유동인구가 굉장히 많은 곳이에요. 많은 사람들이 일자리를 찾아 이사를 왔다가 또 나가는 일이 반복되었죠. 집집마다 개를 키웠는데 그곳에서 개는 일종의 사교의 매개였어요. 펄을 통해서 많은 사람들을 알게 되고 가까워졌죠."

한쪽 눈이 안 보여서인지, 펄은 사람들을 만날 때마다 반가움에 고개를 좌우로 흔들며 폴카 춤을 추는 듯한 행동을 했다. 그래서 '폴카 도그'란 별명이 붙게 되었다. 그렇게 보살핀 지 얼마 후, 펄은 무지개다리를 건넜다. 폴카 도그 베이커리라는 매장을 낸 건 그 후 몇 달이 지나서였다. 펄을 보살피며 생긴 노하우로 사우스 보스턴에 자그마한 가게를 차렸는데 매장이 다섯 개로 늘어나고, 소매상에 납품도 하게 되었다. 2012년엔 대형 슈퍼마켓 '타겟'의 초청으로, 팝업 스토어 이벤트에도 참여하게 되었다. '상점 안의 상점 store within a store'이란 콘셉트의 행사였는데, 5주간 미국 전역의 타겟 안에 임시 매장이 세워졌다.

이때가 폴카 도그가 로컬에서 전국구로 뻗어나간 순간이었다. 나는 흥부전을 떠올렸다. 부러진 다리를 치료하고 돌봐준 흥부에게 박씨를 물어다준 제비의 이야기. 정성껏 키운 박을 타니 금은보화가 쏟아졌다는 그 옛이야기를. 폴카 도그 베이커리의 성공은 생의 마지막을 따뜻하게 보살펴준 로버트에 대한 펄의 보은이 아니었을까. 보스턴의 작은 로컬 브랜드가 어떻게 타겟 진출이라는 신화를 이루게 되었는지, 타겟은 왜 폴카 도그를 택했는지 사람들은 궁금해했고, 이들의 협업은 경제지 『포브스』의 지면을 장식하기도 했다.

건강식 브랜드로 성장하다

"혹시 누가 따라 할 거라는 걱정은 안 해보셨어요? 보스턴에는 흔하디 흔한 게 대구잖아요."

"왜 아니겠어요. 아이디어를 도난당할까봐 불안감에 잠이 안 올 정도였어요. 이 일이 핵 과학자의 일처럼 특별한 사람만 할 수 있는 게 아니잖아요? 제조 과정이 엄청난 비밀도 아니라서 연구하면 누구나 만들어낼 수 있을 테니까요."

잠 못 이루는 밤이 이어지던 어느 날 생각이 정리되었다고 한다.

"아이디어 뺏기는 걸 걱정할 시간에 새로운 걸 개발하기로 했어요. 위대한 예술가들은 전에 아무리 훌륭한 작품을 만들었다고 하더라도 끊임없이 새로운 작품을 만들어내려고 애쓰잖아요? 제 일도 마찬가지라는 생각이 들더군요. 그때 비로소 불안감에서 해방될 수 있었어요."

최근 주력하는 건 싱글 인그리디언트 single ingredient 제품, 즉 첨가물 없이 한 가지 재료로 만드는 제품이다. 단순한 재료, 단순한 제조 방법으로 개들의 건강을 돕는 상품을 만드는 것이다. 생산현장을 '공장'이 아니라 '주방 kitchen'이라 부르길 고집하는 것도 그런 이유다.

"돈은 많이 버셨나요?"

"노. 아… 놉! No. Ah… Nope."

내가 하하 웃었더니, 거짓말을 하느라고 더듬은 게 아니라 돈을 많이 벌지 못한 건 사실인데 어떻게 대답하는 게 좋을지 잠시 생각했다고 한다.

"이 일을 시작할 때 사실 돈 생각은 많이 하지 않았어요. 일을 하고 싶었는데 평범한 일을 하고 싶지는 않았죠. 운이 좋았어요. 자영업으로 시작해 성장한 업체들은 대개 중간 단계에 머물러 있어요. 다음 단계로 도약하기 위해선 엄청난 투자가 필요하죠. 더 많은 설비, 직원 수, 가게 수….

그런데 그 단계로 접어들면 다시는 이전의 '심플 라이프'로 돌아갈 수가 없어요. 인생에 과부하가 걸리게 되죠. 그게 고민이에요. 지금처럼 아이들을 직접 학교에 데려다주고 저녁을 함께 먹고, 주말은 가족과 개, 고양이와 함께 즐기는 생활을 지키고 싶거든요. 돈이 따라오면 좋겠지만 그러지 않아도 상관없어요."

폴카 도그 창업 15년. 한국에선 대기업의 숲속에서 자영업이 몰락해간다는 뉴스가 연일 이어지는 요즘, 폴카 도그의 성공은 흐뭇하고 또 부럽다. 동네 빵집처럼 작은 가게로 시작해 성장한 이 개 베이커리가 앞으로 어떤 모습으로 진화해갈지 궁금하다.

3 개 재활센터의 사람들

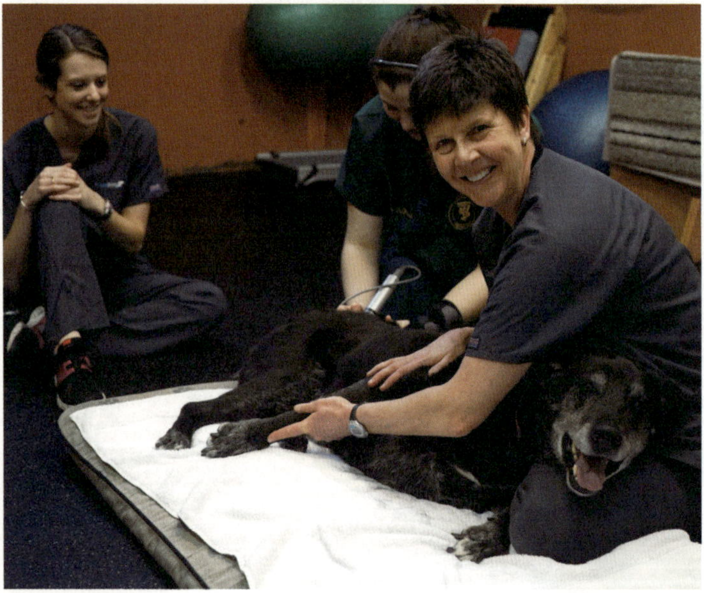

재활센터 플로우 도그의 대장 크리스를 만나다

"커피 사러 갔다 올게. 나는 아이스커피 라지 사이즈. 킴, 뭐 마실 래? 줄리아랑 레베카는?"

아침 10시, 플로우 도그Flow Dog의 오너이자 재활 전문가인 크리스 크랜스턴Chris Cranston이 활기찬 목소리로 물었다.

"저는 뜨거운 커피요."

치료받으러 온 개와 견주들의 모습을 살피고 있을 작정으로 슬그머니 주문을 던졌지만, "괜찮으면 같이 가자"라는 크리스의 말에 나는 두말없이 따라나섰다. 크리스의 노란색 미니 쿠퍼를 타고 카페로 향했다. 그날은 재활치료 시설을 취재하고 싶어서 대표인 크리스에게 요청하고 처음 플로우 도그를 방문한 날이었다.

주문한 음료를 기다리며 크리스에게 물었다.

"사람 재활 치료를 하다가 왜 동물 치료로 일을 바꿨어요?"

"이유라기보단 그냥 그렇게 되었다고나 할까? 13년 동안 병원에서 재활 일을 하면서 인정도 받았지. 스포츠 의학 분야 일은 재미있었어. 그대로 같은 일을 하면 안정적이고 부족할 것 없는 생활이었지만 뭔가 새로운 것에 도전하고 싶었어."

하지만 크리스는 자신이 정말 원하는 것이 무엇인지 알 수 없었다. 마침 보스턴 시내 코플리에서 자원봉사 박람회가 열렸다. 부스를 돌며 집어온 안내책자들을 집에 와서 분류해보니 재미난 결과가 나타났다. 관심이 있어 집어온 안내책자들이 두 개의 분야로 분류된 것이다. 바로 '동물'과 '노인'이었다. 크리스는 곧바로 노인 요양원과 동물보호소에서 자원봉사를 시작하면서 미래에 대한 생각을 정리했다. 훗날 나이든 개를 치료하는 일을 직업으로 삼았으니 자원봉사를 통한 진로 진단은 정확했던 셈이다.

"개 재활 치료사 과정이 2001년 테네시 대학에 처음 생겼는데 내가 2기 졸업생이야. 그 후에 플로리다에도 비슷한 과정이 생겼지."

미국에서 개 재활 치료의 역사는 15년 남짓이다. 전문가 양성이 그때부터이니 본격적으로 일반 가정의 개들에게 서비스가 보급되기 시작한 건 10년 전쯤일 것이다. 플로우 도그에선 물리치료, 수영치료 및 마사지, 전기치료 등이 이루어진다. 나이가 들어서, 혹은 유전적인 질병으로 근육이나 관절이 퇴화하는 경우, 사고나 수술 이후 재활치료가 필요한 개들이 이곳을 찾는다.

놀이 같은 치료

일곱 살 베커가 수영치료를 위해 대기중이었다. 견주 수전은 6년 전 버지니아에 있는 '랩 레스큐Lab Rescue'라는 구조단체에서 당시 한 살이던 블랙 래브라도 베커를 입양했는데, 오른쪽 앞다리의 발목이 약간 안쪽으로 굽은 상태였던데다가 양쪽 뒷다리 고관절에도 문제가 생겼다. 베커는 다리 기능 회복을 위해 2주에 한 번 수영치료를 받는데, 구명조끼를 가져오자 물에 들어갈 것을 금세 알아차리고 신이 나서 헥헥댔다.

넘치는 사랑과 격려에 보답이라도 하듯
개들은 열심히 치료에 임한다

"냄새로 아는지 지형지물로 아는지 여기 도착할 때가 되면 차 안에서부터 아주 난리가 나요."

치료를 위한 발걸음인데 신나는 놀이로 받아들이니 다행스러운 일이다. 사람을 치료하는 정형외과에서도 행해지는 하이드로 테라피. 베커는 길쭉하게 생긴 풀에서 물놀이용 장난감을 던져주면 헤엄쳐 물어오는 것을 30분 동안 반복한다. 수전은 수영치료 효과가 매우 좋다고 했다. 수영치료는 관절에 무리를 주지 않으면서 뼈와 근육의 기능을 회복하도록 돕는다. 가능하면 수술을 하지 않고 호전시키는 것이 최선이다.

"이 사진 좀 봐요. 정말 예쁘지 않나요? 소 스위트!"

수전은 흐뭇한 표정으로 휴대폰을 내밀어 베커와 옐로 래브라도가 함께 있는 사진을 보여주었다. 매번 느끼는 거지만 개 키우는 사람이 개 사진을 보여주는 광경은 아이 키우는 사람이 아이 사진을 보여주는 것과 흡사하다.

"정말 예쁘네요. 베커 말고도 한 마리 더 키우시나요?"

"네. 얘는 이름이 캔더스인데 열두 살이에요. 캔더스도 한 살 때 랩 레스큐에서 입양했어요. 둘 다 남부 지역에서 구조된 아이들이에요. 아유, 남부엔 길거리를 떠돌아다니는 개가 어찌나 많은지. 예방접종 안 시키는 견주도 많잖아."

수전이 테네시에서 공부했던 크리스에게 동의를 구하듯 말을 건넸다.

"맞아요. 접종 안 시키는 견주들 꽤 있죠."

수전은 개가 세 마리 그려진 핑크색 티셔츠를 입고 있었는데, 예쁘다고 하자 내게 새로운 이야기를 들려주었다.

"내 친구한테서 받은 티셔츠예요. 그 친구가 그레이하운드 경주 반대 단체의 대표거든요."

"그레이하운드 경주요?"

"그레이하운드가 날렵하잖아요. 아주 잘 달리죠. 경마처럼 돈을 걸고 개 레이싱을 하는데, 그 과정에서 말도 못할 학대가 이루어져요."

그레이하운드 보호단체 GREY2K에 따르면, 2008년에서 2018년 사이에 보고된 부상 건만 15,273건이라고 한다. 가장 빈번한 부상은 다리 골절, 경기중 레일에 머리를 부딪치거나 척추가 손상돼 안락사를 당하는 개들이 있는가 하면, 심지어 실적을 위해 코카인 등의 마약까지 투여된다고 한다. 그 외에도 수전은 미국의 도그 파크가 정치적인 논란 속에서 현재에 이르렀으며 여전히 논쟁 속에 있다는 이야기도 들려주었다.

미국 개 사회의 다양한 이슈들을 쏟아놓는 수전은, 알고 보니 보스턴 대학의 의과대학 교수이자, 거주지인 알링턴 지역의 견주 단체 '에이 도그A-dog'의 공동회장이기도 했다. 보스턴엔 의대, 의료기관이 많아서 오다가다 만난 사람이 의료인인 경우가 흔하다. 수전은 견주 단체의 회장답게, 그리고 교수님답게 나에게 도그 파크의 정치적 투쟁에 대한 참고서적을 추천해주었다.

크리스의 소울 메이트

플로우 도그의 대표인 크리스는 줄렙과 벡스터라는 킹 찰스 스패니얼 두 마리를 키우고 있다. 하지만 그녀에겐 이 강아지들 이전에 마음속 깊이 새겨진 대그니라는 이름의 반려견이 있었다. 형제들이 모두 새 주인을 만나 떠났지만, 아기 대그니는 브리더에게 남겨져 안락사에 처할 위기에 놓여 있었다. 심한 개 뇌전증(간질)을 가지고 태어났기 때문이었다. 크리스는 가여운 대그니를 입양하기로 했다. 크리스에게 온 첫 날, 대그니는 일곱 번의 발작을 했다.

"일곱 번이었어. 일주일이나 한 달이 아니라 첫날 하루 동안 말이야. 정말 미칠 노릇이었지."

이대로라면 목숨이 위태로운 상황이었다. 발작이 시작되면 온몸이 뻣뻣하게 굳으면서 벌벌 떨렸고 입에선 침과 거품이 흘러나왔다. 그때마다 크리스는 기도가 막히지 않도록 머리를 아래쪽으로 향하게 안고 발작이 끝나기를 기다렸다. 심각했던 병세는 크리스의 노력과 약물 치료로 크게 호전되었다. 평생 약을 먹어야 했지만 짧게는 3일에 한 번, 길게는 6주에 한 번 발작을 할 정도로 상태가 좋아졌다. 선천적인 병으로 꽃도 피우지 못하고 질 뻔했던 대그니는 그 후 테라피도그 테스트를 통과하고, 병원을 방문해 환자들을 위로하는 훌륭한 치료견으로 성장했다.

"난 대그니가 정말 자랑스러웠어. 치명적인 병을 가지고 태어난 그 아이가 사람들에게 도움을 주는 존재로 자라났으니 말이야."

킹 찰스 스패니얼 줄렙, 벡스터와 크리스

대그니는 그렇게 7년을 크리스와 함께했다. 그리고 여느 때처럼 함께 센터에 출근했다가 크리스가 일하는 사이 심장마비로 무지개다리를 건넜다.

"사람들은 말했어. 나이가 들어 안락사를 결정해야 하는 고통 없이 어느 날 갑자기 간 건 오히려 행운일지 모른다고. 하지만 난 이기적이게도 작별인사를 할 시간이 없었다는 게 너무 슬펐어."

"시간이 주어졌다면 뭐라고 말해주고 싶었나요?"

"나와 함께한 네 삶이 행복했길 바란다고. 그저 고맙다고."

마음속에 묻어두었던 대그니의 이야기를 꺼내면서 크리스는 눈물을 펑펑 쏟았다.

"나 웬만해선 안 우는데 오늘 왜 이렇게 눈물이 나지? 킴, 나한테 무슨 짓을 한 거야!"

"아, 느낌 참 좋은데 정말 아깝네요. 이게 티브이 인터뷰였다면 좋았을 텐데."

분위기를 바꾸려고 장난스럽게 말하자, 크리스는 성격대로 씩씩하게 코를 팽 풀었다.

플로우 도그의 새로운 역할

2004년에 공인 개 재활 치료사 CCRP, Certified Canine Rehabilitation Practitioner 자격증을 따고 몇 년 뒤 플로우 도그의 문을 열 때, 크리스는 사람의 재활치료 시스템을 그대로 옮겨왔다. 치료 방법뿐 아니라

보호자가 참여하는 방식도 그렇다. 기존의 동물 물리치료 시설은 보호자가 개를 맡기고 가면 치료가 끝난 뒤 인계하는 방식을 취했지만 플로우 도그에선 보호자가 참관하며 함께 치료를 돕는다. 개들이 수영을 해 장난감을 물어오면 치료사들은 활짝 웃으면서 두 팔을 벌려, '굿 보이' 혹은 '굿 걸'이라고 칭찬을 해주었다. 그 격려에 힘입어 녀석들은 더 신이 나서 장난감을 물어오는 것 같았다. 어쩌면 사람 이상으로 상대의 감정에 예민한 존재가 아니던가.

개 재활치료는 미국에서도 도시에 국한된 이야기이긴 하다. 보스턴은 미국에서 새로운 문화와 기술, 특히 의료기술 도입이 가장 빠른 곳 중 하나이다. 2017년 초, 크리스는 또다시 새로운 변화를 모색하며 플로우 도그를 매각하려던 중이었다. 내가 취재하러 플로우 도그에 드나드는 동안 관심 있는 동물 의료업계 사람들이 종종 시설을 보러 왔었다.

그 후 늦여름에 크리스의 소식을 듣게 되었다. 100년 역사의 보스턴 최대 동물병원 MSPCA-Angell이 플로우 도그를 인수하기로 했다는 것이다. MSPCA-Angell은 1868년에 동물 보호를 위해 설립된 비영리기구 MSPCA가 1915년에 세운 유서 깊은 병원이다. 이 병원이 플로우 도그를 인수했다는 건 동물 재활 치료에 대한 필요성과 수요가 확대되고 있단 뜻이다. 고령화 시대가 인간 사회뿐 아니라 반려동물 사회에도 찾아왔다. 이제 반려동물의 삶의 질을 생각하는 시대가 온 것 같다.

4
노년의 개를 돌보는 사람들

닥터 쇼언버그의 반려 구렁이

그녀를 만난 건 매사추세츠주 메드포드의 작은 커피숍에서였다. 최근 2년, 수의사 베키 쇼언버그Becky Schoenberg는 따로 병원 공간을 두지 않고 환자의 집으로 찾아가는 왕진을 하고 있다. 만나서 들으려고 했던 주된 내용은 미뤄둔 채 나는 너무 궁금한 게 있어서 물어볼 수밖에 없었다.

"좀 특별한 걸 키운다면서요, 파이선python?"

"오, 마이 스네이크?"

베키가, 내가 알아듣기 쉽도록 스네이크라고 말했지만, 정확히 말해 파이선은 비단구렁이다.

"어쩌다 구렁이를 키우게 된 거예요?"

"글쎄요. 보호소에 그 구렁이가 있는데, 아무도 입양하려고 하지 않아서요. 그래서 제가 입양한 거예요."

수의사 베키 쇼언버그

"그 녀석, 자연으로 돌려보내는 게 낫지 않았을까요?"

"걔가 매사추세츠 원주민이 아니라서요. 원래 인디애나 출신이라…."

이 대목에선 정말 큭큭, 웃을 수밖에 없었다. 베키도 자기가 한 말이 우스웠던지 나를 따라 웃었다.

"그런데 뱀과도 교감이란 게 있나요? 개나 고양이처럼 말이에요."

"그럼요. 개나 고양이와는 분명히 다르지만 뱀도 주인을 알아봐요. 물론 제가 슬퍼한다고 다가와주는 일은 없지만요."

"설마 반갑다고 꼬리를 흔드는 건 아니죠?"

"노, 노."

베키가 손사래를 친다. 천만다행이다. 비단구렁이가 주인이 왔다고 반가워 꼬리를 흔들면 정말이지 무서워서 집에 들어가다가 도로 뛰쳐나올 것만 같다.

"보이 오어 걸?"

얼토당토않게 구렁이의 성별을 물어본 건 결코 그 녀석이 남자인지 여자인지 궁금해서가 아니었다. 영어로 동물을 칭할 땐 it으로 써도 무방하지만, 지금까지 자기 개를 it으로 칭하는 애견인은 한 명도 보지 못했다. 우리말로는 "이름이 뭐예요?" 하고 간단하게 묻고, "아유 착하네" 하고 칭찬하면 되지만, 영어로는 암컷인지 수컷인지 알아야 "What's her(his) name?" 같은 기본적인 질문이 가능하고, "굿 보이!" "굿 걸!" 같은 덕담도 건넬 수 있다. 물론 "굿 도기!" 해도 될 테지만 아무래도 성별을 아는 게 편하다. 개를 사랑하는 애견인을 넘어서, 뱀을 사랑하는 애사인愛蛇人이라 해야 할지 난감한 베키에게 그가 수컷 구렁이임을 듣고 난 뒤 조심스레 물었다.

"그가 귀엽다고 생각하시나요?"

"네, 저는 귀엽다고 생각해요. 솔직히 그 녀석은 아주 기이하고 교활하지만, 얼굴을 보면 참 잘생겼거든요. 아이 러브 힘."

그녀의 대답에 조금 더 혼란스러워졌지만 그 수컷 구렁이에 대해 마지막으로 한 가지만 더 묻기로 했다.

"음식은 뭘 먹여요?"

"프로즌 래트(얼린 쥐)요."

오 마이 갓. 부디 냉동실에서 그녀가 먹을 식재료를 꺼낼 때 얼린 쥐와 혼동하는 일이 없기를 기원하면서, 나는 서둘러 그녀의 반려 구렁이에 대한 대화를 마무리하고 싶어졌다.

견생의 가을을 보살피다

오하이오 대학교에서 수의학을 전공한 수의사 베키는 현재 나이 든 동물들을 위한 의료 서비스를 하고 있다. 그 범위는 통증관리부터 호스피스, 안락사, 가족들의 감정을 돌보는 일까지 폭넓다.

"병원 이름을 왜 '오텀 케어 앤드 크로싱즈 Autumn care and crossings'라고 지은 거예요?"

"최대한 긍정적인 느낌을 주는 이름을 찾고 있었어요. 개의 생애를 계절로 따지면, 노견들은 가을을 맞은 거나 마찬가지예요. 왕성한 여름은 지나고 낙엽이 떨어지기 시작했지만, 여전히 아름답고, 할 것도, 볼 것도 많은 가을처럼 말이에요." 고개가 끄덕여졌다.

"제가 하는 일은 그들 삶의 마지막 챕터를 최대한 즐겁고 아름답게 만들어 갈 수 있게 돕는 일이에요. 그 마지막 챕터에 얼마나 많은 페이지가 남아 있는지 알 수 없지만요."

이름에 관한 질문을 하지 않았더라면 나는 그녀의 일을 충분히 이해하지 못했을지 모른다. 이름 안에 모든 철학이 담겨 있었기 때문이다.

베키는 16년 경력의 수의사인데, 그녀가 '견생의 가을'을 돌보게 된 건 수의학과 학생 때 했던 자원봉사 때문이었다고 한다. 펫 로스 서포트 핫라인 Pet Loss Support Hotline. 반려동물이 세상을 떠난 후 남겨진 사람들이 맞는 슬픔을 위로하는 상담 전화였다.

"현장 실습을 찾고 있었는데 교수님이 그러셨어요. 이 자원봉사 활동으로 강의실에서 결코 배울 수 없는 것들을 배우게 될 거라고요."

1998년 오하이오. 작은 방안에 책상 하나와 전화 한 대가 덩그러니 놓여 있다. 어떤 날은 전화가 한 통도 오지 않았고, 또 어떤 날은 슬픈 목소리의 전화가 연달아 오기도 했다. 사람들은 저마다 후회하고 있었다. 너무 일찍 안락사를 택한 건 아닌지, 혹은 너무 오래 고통 속에 붙잡아두었던 것은 아닌지. 그들은 '나는 나쁜 견주가 아니었을까'라는 죄책감에 눈물로 하루하루를 보내고 있었다.

"그분들에게 어떤 답을 주었나요?"

"많은 경우 제가 할 일은 그저 들어주는 거였어요. 사랑하는 개나 고양이를 잃고 시도 때도 없이 눈물을 흘리는 당신이 결코 우스꽝스럽거나 바보 같은 게 아니라는 걸 이야기해주죠. 슬퍼할 수 있도록 허락하는 것 permit to be sad, 그것이 저의 중요한 역할이었어요."

'개 한 마리 죽은 걸 가지고 뭘 그리 유난스러워?'라고 비웃는 시선 때문에 마땅히 치러야 할 슬픔의 의식조차 억눌러야 하는 것이 많은 사람들이 마주하는 현실이다. 하지만 그들이 어떤 존재이던가. 누구보다 가까이서 삶을 공유한 존재가 아니던가.

반려동물 통증 관리

펫 로스 상담은 베키의 수의사 인생에 엄청난 영향을 주었다. 수의사로서 동물을 다룬다는 것은 '동물의 몸'뿐 아니라 '사람의 감정'을 다루는 일이기도 했다. 당시의 경험은 정형외과, 안과, 치과, 신경과 등으로 세분화된 미국의 동물 의료 분야에서 그녀의 길을 찾는 데 결정적인 계기가 되었다.

"저는 동물의 통증 관리라는 이야기를 미국에 와서 처음 들었거든요."

"사실 미국에서도 이 분야는 새로운 분야에요. 불과 10~15년 사이의 일이죠. 제가 수의학과를 졸업하던 2000년대 초반만 해도 의사들조차 '동물들은 고통을 안 느껴', '약간의 통증은 동물들에겐 괜찮아'라고 이야기할 정도였으니까요."

노견의 건강에 관한 주된 이슈는 다리나 척추 통증이 있는 동물들의 이동 문제, 치매 등이다. 심장, 신장 문제 등 복합적인 건강 문제가 있는 경우, 한 가지 문제를 악화시키지 않고 다른 한 가지를 호전시키는 것도 중요한 과제다. 통증을 줄이는 데에는 약, 마사지, 침, 물리치료, 하네스 같은 도구 이용 등 다양한 방법이 동원된다.

개에게 침놓는 닥터 이니스

최근 보스턴 인근에 반려동물에게 침 치료를 해주는 곳도 늘고 있다. 동물병원 '슬리피 도그Sleepy Dog'의 베스 이니스Beth Innis는 전체론적 의료Holistic Medicine와 완화 의료Palliative Care 서비스를 하는 수의사다. 동물들의 건강을 종합적으로 살피고, 궁극적으로 완치할 수 없는 병을 가진 경우 통증완화에 집중하는 것이다.

"2003년 터프츠 대학 수의학과를 졸업할 무렵 동물 침 수련 과정을 밟고 자격증을 땄어요. 인턴십 때 동물에게 침 치료를 하는 병원에 실습을 나갔었거든요. 그때 나이든 동물들을 접한 경험, 보호자들과의 유대 관계가 정말 좋은 기억으로 남았어요."

다른 병원에서 관절염, 척추 질환, 암 등을 진단받은 동물들이 보완적 치료와 통증 관리를 위해 슬리피 도그를 찾는다.

"개나 고양이들이 침을 맞는 동안 가만히 있나요?"

"다는 아니지만 대부분은 얌전하게 잘 있어요. 성격에 따라 다른데, 아무래도 저한테 오는 동물들은 나이든 동물이 많기 때문에 더 차분한 면도 있겠죠. 침 맞다가 스르르 잠이 드는 녀석들도 있어요."

외신을 통해 중국에서 동물 침 치료를 하는 사진을 본 적이 있는데, 나무 벤치로 된 틀에 개나 고양이의 몸을 고정시킨 상태에서 침을 놓고 있었다. 미국의 동물병원에선 대부분 자연스럽게 누워 있는 상태에서 침을 놓는다. 신기하게도 도망가거나 움직이지 않고 잘 맞는다.

동물들은 말 대신 수많은 보디랭귀지를 보인다. 통증 부위와 원인을 알아내기 위해서는 걸음걸이나 일어서고 앉는 자세, 특정 부위를 만질 때 보이는 반응, 헐떡거림, 핥는 행동, 식욕, 잠 등 백만 가지 언어를 읽어내야 한다. 여러 정보를 모아 종합적으로 판단하는데, 때론

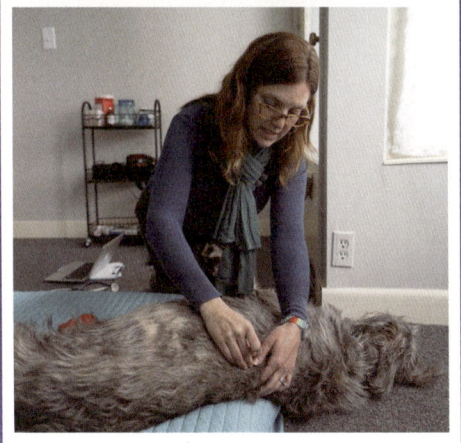

개에게 침을 놓고 있는
슬리피 도그의 수의사 베스 이니스

통증의 원인을 알아내는 데 많은 시간이 걸리거나 결국 미스터리로 남기도 한다.

"의사들은 동양의학이나 침술을 잘 안 믿는 경우도 많잖아요? 미국에선 어떤가요?"

"일부는 여전히 신뢰하지 않는 것 같아요. 하지만 대체의학은 보완의 의미가 있죠. 최소한 해로울 게 없다는 판단이어서 수의사들도 필요하면 침을 맞으라고 해요. 한약보다는 받아들여지는 분위기죠. 한약은 미국 식품의약국인 FDA의 관리하에 있지 않아서 아직 확신하지 못하는 사람이 많은 것 같아요. 종류도 워낙 다양하고 어떤 약재는 독성이 있는 경우도 있으니까요."

안락사에 대하여

미국에 와서 지인으로부터 키우던 노견을 안락사시켰다는 이야기를 들었을 때 나는 문화적 충격을 느꼈다. 처음엔 '이 사람, 개를 사랑했던 것 맞아?'라는 의심이 들었지만 두 명, 세 명 아니 다수의 사람들이 '힘들지만 옳은 결정'이라 이야기하는 걸 듣게 되자 그들의 생각을 자세히 알고 싶어졌다.

"솔직히 좀 놀랐어요. 생각보다 많은 사람들이 반려동물의 안락사를 택하고 있어서요. 미국 사회의 안락사에 관한 인식은 어떤가요?" 베키 쇼언버그에게 물었다.

"미국에 안락사에 대한 '한 가지 생각'이 있다고 얘기하긴 힘들어요. 다만, 일반적으로 안락사는 사랑하는 반려동물의 고통을 멈춰주는 인도적인 방법으로 여겨지죠."

하지만 가장 큰 의문은 '그 시점은 어떻게 정하나'였다.

"옳고 그른 타이밍이란 없어요. 사람들은 각자 종교적, 문화적 신념이 있죠. 그리고 개인적인 경험도 시간을 결정하는 자원으로 활용돼요. 예를 들어 가족을 암이나 당뇨로 잃은 경우, 각각의 병에 대한 트라우마가 있겠죠. 할머니를 당뇨로 잃었던 사람은 자기 개에게 매일 인슐린 주사를 놓으며 고통스러워하는 모습을 보기 힘들어 작별의 시간을 조금 앞당기기도 해요. 개가 음식 먹기를 거부하면 때가 왔다고 여기는 사람도 있고, 걷지 못하게 되면 혹은 호흡이 힘들어지면 이별할 때라고 나름의 기준을 정하죠."

약물 주사는 법으로 정해진 가이드라인을 따르고, 시기에 관한 결정은 전적으로 견주에게 맡긴다.

"저는 가족들이 궁금해하는 것에 답해주면서 앞으로의 일을 계획할 수 있도록 조언해요. 병이 이대로 진행되면 조만간 산소 탱크에 들어가게 될 거다, 의식불명이 될 거다… 언제 안락사를 행할 지는 전적으로 보호자들이 결정합니다."

안락사를 진행하는 구체적인 방식은 사람에 따라 다양하다. 평소에 개가 좋아하는 음식을 싸가지고 야외로 나가 마지막 시간을 보내고 작별인사를 하는 경우도 있고, 가장 편안한 장소인 집에서 안락사를 진행하기도 한다. 어떤 사람들은 개를 안아주고 이야기를 나누며 마지막 순간을 함께하길 원하는가 하면, 또 어떤 사람들은 개가 떠나는 과정을 지켜보고 싶어하지 않는다. 그래서 옆방에서, 혹은 마당에서 기다린다. 각자의 방식이 있을 뿐 어느 쪽이 옳고 그르다고 이야기할 수 없는 문제라고 베키는 말했다. 개가 무지개다리를 건너면, 화장이나 매장, 가족들의 마음 치료를 돕는 일도 베키의 몫이다.

"화장 후 유골을 묻는 일조차 간단하지가 않아요. 반려동물 화장, 매장에 관한 법이 카운티마다 다르거든요."

"주마다 다른 게 아니고요?"

"네. 카운티별로 달라요. 자기가 살고 있는 동네의 규정을 파악해야 해요."

대형견의 경우 사망 후 옮기는 일도 쉽지 않다. 돌보던 환자 가족들에게 의뢰가 들어오면 베키는 남편에게 부탁해 함께 사체를 옮기기도 하고 반려동물 장례 회사와 연계해 일하기도 한다. 매장의 경우, 합법적인 약물을 썼다 해도 야생동물의 건강을 위협할 수 있고, 자기 집 마당에 묻더라도 코요테 등이 파헤칠 위험도 있으니 신중해야 한다. 늘 죽음을 마주하는 베키. 반려동물을 잃은 가족들의 우울함이 전염되지는 않을까. 나는 베키가 자신의 일에 대해 어떻게 느끼는지 물었다.

"저는 특별한 사명을 띠었다고 생각해요. 아픈 동물들을 고통으로부터 편안하게 해주는 것, 그리고 상심한 가족들을 위로하는 것. 이건 아무나 할 수 있는 일이 아니거든요. 때론 저도 굉장히 슬퍼요. 하지만 견주들이 개와 함께 행복했던 순간의 사진을 보내오거나 새 강아지를 맞이했다는 소식을 전해올 땐 저도 다시 힘이 나죠."

병든 부분을 잘라내고 치료하는 것에서 나아가 반려동물의 전반적인 삶의 질을 살피는 것이 최근의 경향이다. 폭발적으로 그 수가 늘어나고 있는 우리나라의 반려동물들도 몇 년 후면 노견, 노묘가 될 것이다. 반려동물 생의 가을을 어떻게 하면 더 즐겁고 덜 힘들게 돌볼 수 있을까. 견주들, 수의학계, 사회가 함께 고민해야 할 문제임에 틀림없다.

5
발달장애 어린이들의 친구, 테라피 도그

테라피 도그를 만나다

10월 어느 주말, 보스턴에서 뉴욕 알바니 방면으로 가는 90번 도로에는 벌써 단풍이 들고 있었다. 목적지인 코네티컷주 스토스에 있는 패티Patty Dobbs Gross의 집에 가까워질수록 전원 느낌이 물씬 났다. 내비게이션이 목적지에 도착했음을 알렸을 때 마당 넓은 집이 나타났고, 곧 현관문이 열리며 초록색 니트를 입은 패티가 손을 흔들었다.
"여기, 여기!"

사실 이곳은 패티의 집이기도 하지만, 노스 스타 파운데이션North Star Foundation이라는 비영리 단체이기도 하다. 노스 스타 파운데이션은 2000년부터 발달장애 어린이와 훈련된 개를 맺어주는 일을 해오고 있는데, 패티가 그 설립자다. 코난은 두 시간 동안 차 안에 갇혀 있어 답답했던지, 몸풀기라도 하듯 잔디밭을 펄쩍펄쩍 뛰어다녔다.

"이 녀석 에너지가 넘치네. 코난은 우선 뒷마당에서 놀게 하면 어

노스 스타 파운데이션의 패티와 릴리

때요? 펜스가 쳐져 있어서 잃어버릴 일은 없을 거예요."

집안에 들어서자 귀여운 살찐 고양이 한 마리가 보였다. 잠시 후 두 살 된 릴리가 아주 조용히 나타났다.

"얘가 릴리예요. 임신 2주째죠. 어린이들이 왔는데 지금은 강아지가 없어서 섭섭해 어쩌나? 추수감사절 무렵에 릴리가 새끼를 낳을 테니 12월에 또 오렴. 그땐 귀여운 강아지들을 만날 수 있을 거야."

쌍둥이 진, 서연에게 패티가 말했다.

아들을 위해 시작한 일

패티가 발달장애 어린이들을 위해 일하게 된 건 아들 때문이었다. "큰아들 댄이 만 두 살 때였어요. 책은 읽는데 말을 전혀 안 하는 거예요. 이상했어요. 정말이지 아무 소리도 안 냈거든요."

패티는 댄을 데리고 병원을 찾았다. 그리고 검사를 통해 댄이 발달장애 범주에 있다는 사실을 확인했다. 충격이었다. 댄은 유치원에서도 선생님의 말에 집중하기보다는 늘 자기만의 세계에 빠져 있었다. 패티는 댄에게 맞는 소통 방법을 궁리했다. '밥 먹을까?' '쇼핑하러 밖에 나갈까?' 대답 없는 아들과의 소통을 위해 스케치북에 질문을 써서 보여주면, 댄은 말없이 행동으로 답했다. 댄이 여덟 살이 되던 해, 패티에게 문득 생각이 떠올랐다.

개를 친구 삼아 사회화를 도우면 어떨까? 패티는 쌍둥이들 쪽으로 몸을 돌려 강의하듯 이야기하기 시작했다. 같은 반에 발달장애 친구가 한 명 있어서 쌍둥이는 관심 있게 이야기에 귀를 기울였다.

"댄은 사람들과 대화하는 방법을 몰랐어. 발달장애 아이들은 친구를 사귀는 데 서툴거든. 소통하는 방법이 다른 거야. 난 어려서부터 개를 좋아했고 개와 대화를 많이 했어. 댄에게도 그런 친구를 만들어주면 어떨까 생각했지. 베스트프렌드가 꼭 사람일 필요는 없잖아?"

그해, 수소문 끝에 한 서비스 도그 단체로부터 골든 리트리버 한 마리를 받게 된다. 개의 이름은 매디슨, 세상과 단절돼 있던 댄의 첫 번째 친구. 당시엔 미국에서도 시각 장애인 안내견이나 지체 장애인의 일상생활을 돕는 서비스 개는 알려져 있었지만, 정신적인 치유를 돕는 개, 테라피 도그Therapy Dog, 학교나 병원, 재난 현장 등을 방문해 사람들의 정신적인 안정을 돕는 개는 흔하지 않았다. 진이가 물었다.

"효과가 있었나요?"

"다행히 아주 큰 변화가 있었지. 아무 말에도 대꾸하지 않던 댄이 반응하기 시작한 거야. 사람들이 물었어. '이 개, 네 개니? 정말 멋지구나. 개 이름이 뭐니?' 이런 질문이 반복되자 댄이 대답을 하기 시작했어."

세상과 소통하지 못했던 댄은 매디슨을 매개로 사람들과 눈을 맞추고, 묻는 말에 곧잘 대답도 하게 되었다.

미국 질병 관리 및 예방 본부Centers for Disease Control and Prevention의 추산에 따르면 미국 어린이 59명 중 한 명이 발달장애 범주에 속한다고 한다(2018년 자료 기준). 발달장애는 한 가지 증상으로 설명되지 않는다. 의사소통, 사회적 관계 형성, 행동 장애 등 증상 종류와 정도의 스펙트럼이 굉장히 넓다. 개는 인간의 언어로 대답해주기를 바라지 않기 때문에 발달장애 어린이들은 개를 친구로 맞으면서 언어가 아닌 다른 방식으로 소통할 수 있다는 사실에 안심한다고 한다.

"개는 아주 단순해. 늘 주인을 사랑하고 기다리지. 개는 주인이 스펠링 테스트를 망쳤다고 해서 덜 사랑하지 않아. 사람의 잣대로 평가하지 않거든."

댄과 매디슨의 만남은 모종의 성과를 이루어냈다. 하지만 한 가지 문제가 있었다. 매디슨은 신체 장애인을 돕는 서비스 도그로 훈련받은 뒤 성견이 되어 댄에게 왔다. 훈련이 잘된 개였지만, 훈련사가 성인 남자여서 그랬던지 댄보다 댄의 아빠, 그러니까 패티의 남편에게 더 많은 애착이 형성되어 댄과의 정서적 밀착에 있어 아쉬움이 있었다. 패티는 발달장애 어린이들이 강아지와 적응하며 함께 성장해가는 과정이 필요하다고 느꼈다. 그래서 직접 새끼를 받아 훈련시킨 뒤 발달장애 어린이들과 맺어주기로 결심한다. 이렇게 노스 스타 파운데이션이 탄생했다. 16년간 275마리의 개가 발달장애 어린이들과 짝꿍이 되었다.

"너희들 '비영리non-profit'란 말 아니? 이 일은 돈 벌려는 목적으로 하면 잘해나갈 수가 없어. 결국 뭔가 잘못돼버리지. 발달장애 어린이를 둔 많은 가정이 경제적으로 굉장히 어렵단다. 그들에게 돈을 받고 이런 일을 한다는 건 있을 수 없는 일이야. 처음부터 그 점만은 분명히 해야 한다고 생각했단다."

노스 스타 파운데이션의 재정은 100퍼센트 기부로 이루어진다. 그리고 강아지의 훈련 역시 각지에 있는 자원봉사자들에 의해 이루어진다. 기부와 자원봉사, 그것이 노스 스타 파운데이션이 명맥을 유지해온 비결이다.

테라피 도그가 만든 공동체

코네티컷을 다시 찾은 건 해가 바뀐 1월이었다. 전날 윈터 스톰 '헬레나'의 방문으로 뉴잉글랜드는 꽁꽁 얼어 있었다. 하루종일 눈보라가 매섭게 몰아쳤다. 영하 10도, 눈길도 마다않고 쌍둥이와 함께 잔뜩 기대에 부풀어 코네티컷으로 향한 이유가 있었다. 릴리가 새끼를 낳았기 때문이다. 그것도 아홉 마리나! 11월 말 출산을 했으니 강아지들은 7주쯤 되어 있을 것이다. 우리가 코난을 처음 만났을 때 생후 8주였으니 아기 코난보다 작은 녀석들이었다.

"오랜만이에요!"

패티와 짧고 반가운 인사를 나눈 뒤 우리는 곧장 강아지 방으로 들어갔다. "꺄아!" 아홉 마리의 강아지들이 울타리에 도톰한 앞발을 얹고 낯선 방문객을 향해 꼬리를 흔들었다. 강아지 천국! 작고 오동통한 천사들이 버둥대는 그곳은 분명 천국이었다. 쌍둥이는 작은 꿈 하나를 이루는 중이었다. 꼬물꼬물 움직이는 강아지들을 두 팔에 가득 안는 소박한 애견인의 꿈 말이다. 녀석들은 작은 이빨이 간질간질한

지 아이들 신발끈을 물어당겨 풀고 잘근잘근 씹었다. 다른 방에서 쉬고 있던 어미 개 릴리는 살이 쪽 빠져 있었다. 출산 후 7주 동안 아홉 녀석들 젖먹이는 일이 만만치 않았을 것이다.

"젖먹일 시간이네. 다들 구경할래요?"

새끼들이 놀던 방에 릴리를 들여보내자, 아홉 마리 오동통한 녀석들이 달려들어 자리를 차지하고 젖을 빨기 시작하는데 정말 "쪽, 쪽, 쪽" 소리가 났다. 어미의 영양분을 쪽쪽 빨아먹고 무럭무럭 자라나는 아홉 강아지들. 새끼들 먹이느라 가죽만 남았구나 싶어, 릴리의 모습이 대견하고, 애처롭게 느껴졌다.

세상의 빛을 본 지 8주가 지나면 아가들은 슬슬 어디론가 보내질 것이다. 강아지들은 코네티컷, 메인, 버지니아 등지에 있는 자원봉사 가정에서 약 석 달 동안 기본 훈련과 사회화 과정을 거친 뒤, 생후 5개월쯤 입양을 원하는 발달장애 어린이들에게로 간다.

"미리 약속되어 있는 발달장애 어린이 가정에서 '아직 준비가 안 되었어요. 지금은 너무 힘들어요' 하면, '오케이' 하고 기다려요. 그럴 경우 다른 가정에 보내서 조금 더 사회화 과정을 거치죠. 절대 서두르는 법은 없어요."

릴리의 새끼 아홉 마리 중 여덟 마리는 발달장애 어린이의 소중한 친구가 될 것이다. 그리고 암컷 한 마리는 다음 세대를 위해 노스 스타 파운데이션에 남게 될 것이다. 그들은 각자의 미션을 가지고 이 세상에 나왔다.

테라피 도그를 키워내는 패티, 발달장애 어린이 가족들, 강아지들의 훈련을 맡는 자원봉사 가정과 후원자들. 개를 중심으로 하나의 공동체가 형성됐다. 힘든 일이 있을 땐 이 그물망이 위로와 조언을 하고 버팀목이 되어준다. 많은 발달장애 어린이 가정이 사회의 몰이해 속에서 힘겨운 싸움을 해나간다. 아이의 장애를 확인하고 극복하는 과정에서 갈등을 겪다가 이혼한 한 부모 가정은 더욱 외롭다. 혼자서 힘겹게 버티기보다 웃으면서 서로 기댈 수 있도록 공동체가 형성되어야 한다고 패티는 생각한다.

릴리의 아이들

개들에게 자유를 선사하는 휠체어 제작소

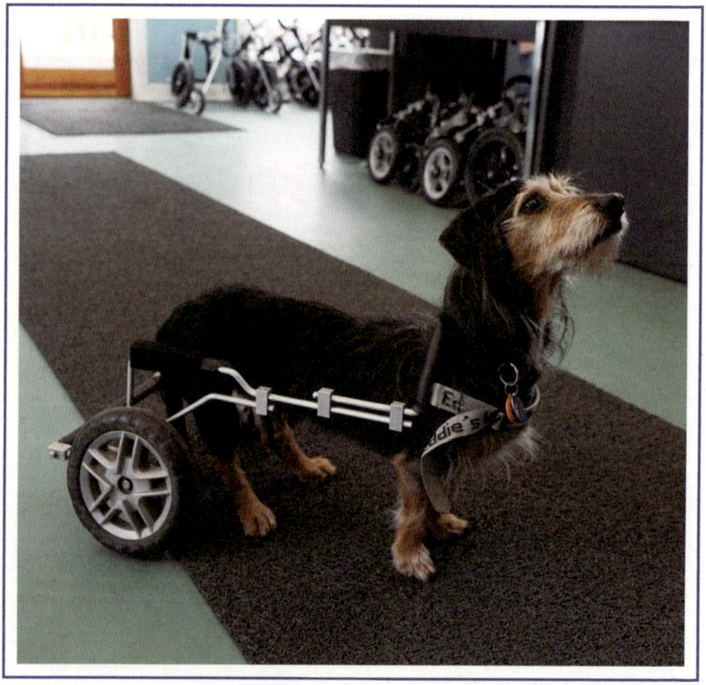

안락사 대신 휠체어로 새로운 삶을

보스턴에서 북서쪽으로 두 시간을 운전해 도착한 개 휠체어 제작소 에디스 휠즈Eddie's Wheels는 매사추세츠주와 뉴욕주 경계에 위치해 있었다. 이 회사의 공동대표이자 에디의 부인인 레즐리가 나를 맞았다. 인사를 나누고 공방으로 가려던 중 그녀가 말했다.

"작년에 어떤 일본 여자가 자기 개 휠체어를 주문하겠다고 했어요. 그러면서 우리 작업실을 보고 싶다고 했지. 휠체어 제작을 의뢰하고 2주 동안 우리 회사에 드나들면서 만드는 과정을 지켜봤어요. 그러더니 일본으로 돌아가서 개 휠체어 업체를 차렸지 뭐야. 떡하니 홈페이지도 만들어놓고."

마침 그 일본인이 작성했던 주문서가 책상 위에 놓여 있었다. 레즐리는 빙그레 웃으면서 말했다.

"한국에 가면 개 휠체어를 만들어보지 그래요?"

지금 날 산업스파이로 의심하는 건가? 농담인 것 같았지만 애매하게 농담으로 받아쳤다간 정말 의심을 살 것 같았다. 취재는 꼭 하고 싶고, 영업 기밀을 빼낼 생각은 전혀 없었으므로 나는 아주 고지식하게 대답했다.

"하하, 저는 그럴 재주도 돈도 없네요."

선뜻 공방을 보여주는 걸 보니 심각하게 한 말은 아니었나 보다. 에디스 휠즈는 마당 넓은 가정집 건물인데, 1층 라운지를 지나 계단을 따라 내려가면 작업실이 나온다. 잘 정리된 작업실엔 개 그림이 여러 점 걸려 있어서 공장이라기보다 공방, 혹은 갤러리처럼 느껴진다. 레즐리가 작업 공정을 설명하는 사이 닥스훈트 믹스견 '스쿠터'가 뒷다리에 휠체어를 장착한 채 종종걸음으로 다가왔다. 휠체어가 돌돌 굴러 뒷다리 역할을 하니 이동에 불편함이 거의 없어 보였다.

"플로리다에 있는 보호소에서 우리 도움이 필요한 개가 있다고 해서 보러 갔는데 아유, 막상 만나보니 입양할 수밖에 없더라고. 그게 바로 요 녀석, 스쿠터예요."

불과 몇 주 전의 일이다. 개 휠체어 분야에서 전국적으로 유명해지다 보니 이제는 동물구조단체와도 긴밀한 관계를 유지하게 되었다. 에디와 레즐리는 어떻게 개 휠체어라는 독특한 물건을 만들게 되었을까.

"에디가 쉰 살이 되던 해였어요. 더이상 일을 못 하겠다며 회사를 그만두겠다고 선언했죠. 정말 충격이었어요. 당장 각종 공과금이며 카드값은 어떻게 낼지, 앞이 막막하더라고요."

기계공학을 전공한 에디는 박스 회사에 다녔다. 박스를 만드는 기계 시스템을 설계하고 관리하는 일을 했는데, 해외출장이 잦았다. 한 달에 몇 번씩 비행기를 타고 출장을 다니던 에디의 몸에 문제가 생겼다. 갑자기 다리를 움직이기 힘들어지면서, 급기야 걸을 수 없는 상태가 되고 말았다. 경제적으로 어려움에 처할 것이 뻔했지만 회사를 그만두겠다는 남편을 말릴 수는 없었다.

당시 두 사람은 부다라는 이름의 도베르만을 키우고 있었다. 부다가 아홉 살이 넘자, 척추 디스크로 인해 뒷다리에 마비가 왔다. 걸을 수가 없어 뒷다리를 질질 끌고 다니니 가장 먼저 볼일 보는 데 문제가 생겼다. 피부 감염의 위험도 따랐다. 이 방에서 저 방으로 이동할 땐 가족들이 큰 몸을 들어서 날라야 했다. 부다의 삶의 질은 급격히 떨어졌다. 위험 부담이 큰 수술과 안락사, 두 가지 중 하나를 선택해야 할 기로에 놓였다. 어느 날 레즐리가 안락사 문제를 두고 에디와 전화 통화를 하는데, 그 모습을 가만히 지켜보던 부다가 갑자기 '멍 멍!' 짖었다.

"마치 내용을 알아들은 듯이, '지금 무슨 소리를 하는 거야!'라고 짖는 것 같았어요. 그날 이후 곰곰이 생각했죠. 장애는 심했지만 다리에 통증을 느끼지 않는 것 같았어요. 그러니 안락사를 택할 수는 없었죠."

그렇다고 수술을 택한 것도 아니었다. 에디는 부다에게 맞는 휠체어를 만들기 시작했다. 개 휠체어는 처음이었지만, 기계를 설계하고 만드는 일은 평생 해오던 일이라 꼼지락꼼지락 뚝딱뚝딱 휠체어를 만들었다. 부다는 휠체어에 의지한 채 다시 걷기 시작했다. 들로 산으로 하루에 두세 번씩 산책을 다닌 지 3개월, 놀라운 변화가 나타났다. 부다가 휠체어 없이 네 다리로 걷게 된 것이다. 휠체어에 의지해 걷는 과정이 일종의 재활 훈련이 된 셈이다. 부다는 그 후 3년 반을 더 살고 열세 살에 무지개다리를 건넜다.

새로운 가능성

회사를 그만둔 후, 어느 날 에디가 말했다.

"개 휠체어를 만들어볼까 해."

코난과 나의
미국 개 문화 탐사기

그 말을 듣는 순간 레즐리는, '그래, 됐다!' 하고 쾌재를 불렀다고 한다.

"개 휠체어란 얘기를 듣는 순간 가능성을 엿보신 거예요?"

"아니, 전혀. 그 물건이 팔릴 건지, 밥벌이가 되는 일인지, 사업의 승산 같은 건 따져볼 겨를도 없었어요. 무슨 일이라도 해야만 가족이 먹고 살 수 있는 상황이었으니까 그저 일을 한다는 사실이 기뻤던 거지."

에디는 직접 휠체어를 설계해 샘플을 만들었다. 에디의 아들(전 부인과의 사이에서 낳은)이 지역 신문사에서 일하고 있었는데, 신문에 조그맣게 광고라도 내볼 생각으로 휠체어 사진을 건넸다.

"신문사 책상에 사진을 두었는데 상사가 그 사진을 보고는, 그게 대체 뭐냐고 물었대요. 아버지가 개 휠체어를 만드는데 광고를 하나 내려 한다고 했더니, 재밌는 스토리라면서 광고가 아니라 기사로 다루라고 한 거죠."

27년 전 일이다. 당시엔 에디의 스토리가 기사화될 만큼 미국에서도 개 휠체어는 생소한 물건이었다. 기사를 보고 첫 고객이 찾아왔다. 고객의 이름은 '캣'이었다.

"그래서, 손님이 개란 거예요, 고양이란 거예요?"

"하하, 개의 이름이 캣이었어요. 씨. 에이. 티. Cat."

캣은 작은 마을의 잡화점 개였는데, 90파운드(40킬로그램)가 넘는 믹스견이었다. 캣에게 샘플로 만들어둔 휠체어를 태워보니 잘 맞아서 두 다리로도 편안하게 걸었다. 하지만 눈물 나게 고마운 이 첫 손님에게 휠체어를 건넬 수가 없었다. 신생 회사 에디스 휠즈가 보유한 휠체어가 달랑 샘플 하나였기 때문이다. 몇 주 후 드디어 휠체어가 완성되었고, 첫 고객인 캣에게 다시 걷고 달리는 삶을 선물할 수 있었다.

"개들이 사고로 다리를 잃어 휠체어를 타는 경우는 드물어요. 대부분이 질병 때문인데, 그중에서도 유전적 요인에 의한 경우가 많죠. 휠체어를 타는 많은 개들이 혈통 좋은 순종이에요. 척추나 고관절에 생기는 문제들은 대부분 잘못된 교배 때문에 생겨요. 도그 쇼에서 상을 탄 개들의 자손을 얻고 싶어하는 사람들의 입맛에 맞추기 위해 브리더들이 아무 생각 없이 근친 교배를 하는 데서 문제가 시작되죠."

몸 상태에 따라 휠체어의 구조와 디자인이 달라지기 때문에, 모든 휠체어는 주문 제작된다. 소형견용, 그리고 뒷다리에 장착하는 휠체어는 상대적으로 만들기도 적응하기도 쉽지만, 대형견용, 앞다리를 대체하는 휠체어는 난이도가 높다. 오랜 세월 연구 끝에 이제는 특대형견도, 앞다리가 없이 태어났거나 절단을 한 경우에도 휠체어를 탈 수 있게 되었다.

개들에게 자유를 선물하는 일

에디의 노력도 있었지만, 에디와 레즐리가 입양해 키워온 반려견들의 역할이 컸다.

닥스훈트 데이지를 입양한 건 9·11 테러 직전이었다.

"엄마, 우리 저 건물 꼭대기에 언제 한번 가보자."

레즐리는 2001년, 뉴욕의 동물 보호소에 있던 데이지를 데리러 가던 중 월드 트레이드 센터를 바라보며 딸과 나누었던 이야기를 기억하고 있다. 데이지를 데려온 후 며칠 만에 끔찍한 테러가 일어나 더 이상 가볼 수 없는 곳이 되고 말았지만. 데이지가 에디네 집에 왔을 땐 여섯 살이었는데, 척추 디스크로 뒷다리를 사용할 수 없는 상태였다. 휠체어를 제작해 적응 훈련을 시키자 잘 걷고, 뛰며 평범한 일상생활이 가능하게 되었다. 에디 부부는 데이지와 함께 재활 의학 컨퍼런스에 참석해 정형외과 의사들 앞에서 사례 보고를 하곤 했다.

10년 동안 휠체어에 의지해 행복한 삶을 살던 데이지는 열여섯 살 어느 눈 오는 날 심장마비로 무지개다리를 건넜다. 휠체어가 아니었더라면 데이지의 남은 삶은 어땠을까.

"개들에게 이동에 문제가 생긴다는 건 신체적 제약 이상을 의미해요. 여러 감염이나 우울증 때문에 얼마 살지 못하고 죽는 경우도 많거든요." 에디가 말했다.

피트불 보 Beau는 투견장의 미끼용 개였다. 투견들의 전투 의지를 향상시키기 위해 사전 투입되는 가여운 생명이었다. 보호소에 그 개가 왔을 때 다른 개에게 물려 척추가 망가져서 뒷다리가 뻣뻣하게 굳은 상태였다. 부러진 뼈를 당겨주고 집중적인 재활치료와 침술까지 동원해 어렵게 휠체어에 적응시켰다.

윌라와 웹스터는 둘 다 앞다리 없이 태어난 특이한 경우의 개다. 나는 이 둘을 보고 정말 깜짝 놀랐다. 몸이란 상황에 맞추어 적응하게 되어 있는지, 뒷다리 두 개로 직립해서 캥거루처럼 깡충깡충 뛰고 있었다. 당연히 무리가 가는 동작이고 두 발짝 이상 움직이지도 못한다. 앞다리가 없는 개들은 앞으로 고꾸라져 있거나 수직으로 콩콩 뛰는 자세가 되어서 보행이 불가능함은 물론, 적당한 높이에서 냄새를 맡지 못하기 때문에 개의 본성대로 살 수가 없다. 윌라와 웹스터는 에디가 만들어준 휠체어를 장착하고, 언덕을 오르고 자연의 냄새를 맡으면서 새로운 삶을 살아가고 있다. 한국으로 돌아온 후 나는 레즐리가 테드TED에 초청되어 강연을 한 사실을 알게 되었다. 웹스터가 무대에 동행해 강연을 돕고 있었다.

참, 걸을 수도 없어 회사까지 그만두었던 에디의 병은? 갑작스레 장애가 찾아온 게 그의 나이 50세. 현재 70세인 에디는 걷는 데 아무런 문제가 없다. 병원에서도 약 처방이 필요 없다고 할 정도로 병은 깨끗하게 사라졌다. 반려견 부다를 돕기 위해 시작한 일이 결국 에디의 새로운 생업이 되었고, 하고 싶은 대로 즐겁게 일하다보니 병까지 치유되었다. 슬슬 은퇴를 생각하던 차에 필라델피아에 있는 큰 회사로부터 에디스 휠즈를 인수하고 싶다는 연락이 왔다. 회사를 팔면 노후에 목돈을 쥘 수 있을 터, 어차피 은퇴를 고려하던 때라 이게 웬 행운인가 싶었다. 하지만 직원 스무 명으로 커진 회사, 그들의 가족까지 포함하면 100명 가까운 사람들의 생계를 책임지고 있는 일터를 차마 다른 지역의 회사에 팔 수는 없었다.

200달러에 팔린 첫 휠체어를 시작으로, 지금까지 2만 천여 대의 휠체어가 미국 전역, 세계 25개국에 수출되었다. 에디의 휠체어로 새 삶을 찾은 개들은 걷기만 하는 게 아니다. 벌판을 달리고 언덕이나 산을 오르고, 개구리를 잡으러 개울을 돌아다니고 심지어 수영까지 한다. 감동적이다. 에디네 휠체어를 보며 생각한다. '일'이란 그런 게 아닐까. 삶을 영위하기 위해 힘들게 해나가지만 그것이 또한 누군가의 삶에 도움이 되는 것. 세심하게 만든 도구 하나가 2만 마리의 동물에게 '자유'를 선물했다.

휠체어로 새 삶을 찾은 웹스터, 스위트 피, 데이지, 윌라(왼쪽부터)

최소한의 인도주의 실천, 공짜 동물병원

 예약 없이 선착순 진료

12월, 보스턴에 늦은 첫 눈이 내렸다. 많이 올 땐 어른 가슴팍까지도 쌓인다는 그 무시무시한 뉴잉글랜드의 눈이 첫 신호를 보낸 것이다. 궂은 날씨에도 코난과 예정된 외출을 하기로 했다. 목적지는 머윈 메모리얼 애니멀 클리닉Merwin Memorial Animal Clinic. 지난 토요일엔 '죄송합니다. 오늘 진료는 마감입니다'란 안내문을 뒤로하고 아쉽게 발길을 돌렸던 터였다. 12시부터 3시까지가 진료 시간인데 여유만만하게 1시쯤 찾아갔더니, 서둘러 방문한 사람들로 접수가 이미 끝난 상황이었다. 오늘은 11시쯤 집을 나서서 문을 열기 전에 줄을 서볼 참이다.

머윈 메모리얼 애니멀 클리닉 앞에 도착한 시각은 11시 15분. 차를 세워놓고 밖을 살피다가 사람들이 모여들 때쯤 나갈 요량이었는데, 현관 쪽을 보니 벌써 누군가 병원 문 열기를 기다리고 있었다. 이러다 사람들이 갑자기 몰려들면 어쩌지? 이번이 두번째인데 또 허탕

을 칠 순 없어 서둘러 코난과 함께 나섰다. 연세가 80세는 되어 보이는 할머니가 검정색 슈나우저 두 마리를 데리고 기다리고 계셨다.

"일찍 오셨네요!"

넘버2가 넘버1에게 인사를 건넸다.

"어서 와요."

"두 마리 데려오신 거예요?"

"아니, 여기 야옹이 한 마리 더 있지."

천 가방을 들여다 보니 얼룩무늬 고양이가 있다. 할머니는 보스턴까지 한 시간 가량 걸리는 매사추세츠 북쪽 입스위치에서 왔다고 했다. 곧 자그마한 강아지를 안고 다섯 살쯤 된 여자아이가 엄마와 온다.

"제가 아는 분은 토요일 11시에 도착했는데, 자기 앞에 벌써 열네 명이 와 있었고요, 문 열 때쯤엔 뒤로 40명이나 줄을 섰다네요." 우선순위임에도 불구하고, 대기 1, 2번인 할머니와 나는 일순 마주보고 긴장. "오늘은 날씨가 안 좋으니, 오려던 사람들도 집에 있지 않을까요?" 모두들 같은 생각을 하며 궂은 날씨에 발길을 재촉했던 것이다.

보스턴의 많은 동물병원 중 사람들이 이곳을 찾는 데는 이유가 있다. 보통의 동물병원에선 기본 진료비 100달러라는 큰돈이 청구되는데, 이 병원은 진료비나 서류 작성 비용을 일절 받지 않고 오로지 약값만 받는다. 의료비라면 사람, 동물 가리지 않고 비싼 미국에서 무료 진료라니. 또 한 가지, 이 병원은 예약을 받지 않는다. 'first-come, first-served', 선착순이다. 공공 진료소에 예약을 해놓고 나타나지 않으면 의료 서비스가 필요한 동물들이 제때 혜택을 받지 못하는 일이 생길 것이다. 그리고 현실적으로 수의사, 간호사 외에 예약받고 취소하는 일정 조정을 할 인력이 없다는 것도 예약을 받지 않는 이유 중 하나일 것이라 짐작해본다.

친절하고 세심한 진료

"다들 들어오세요!"

12시 정각에 현관문을 열고 울려퍼진 간호사의 경쾌한 목소리에, 번호표가 있는 것도 아닌데 여기저기 흩어져 있던 사람들이 물 흐르듯 자연스럽게 도착 순서에 따라 줄을 섰다. 가정집이었다면 거실이었을 공간이 접수처이자 대기실이요, 방이었을 곳은 진료실로 꾸며져 있었다.

"처음 왔는데요."

접수를 받는 간호사는 내 이름과 주소, 전화번호, 코난의 중성화 여부 등을 물으며 진료카드를 만들었다. 진료카드는 90년대 초반 대학 도서관에서 보던 책 분류표 같았다. 줄이 쳐진 두꺼운 종이 카드에 손글씨로 내용을 쓴 뒤, 알파벳 순서대로 서랍에 보관한다. 완전히 아날로그다.

"하이, 귀염둥이! 오늘 뭐 때문에 왔어요?"

단발머리 수의사 해나가 친근하게 물었다.

"보데텔라 접종하고요, 대변 검사를 해야 하거든요. 증명서도 받

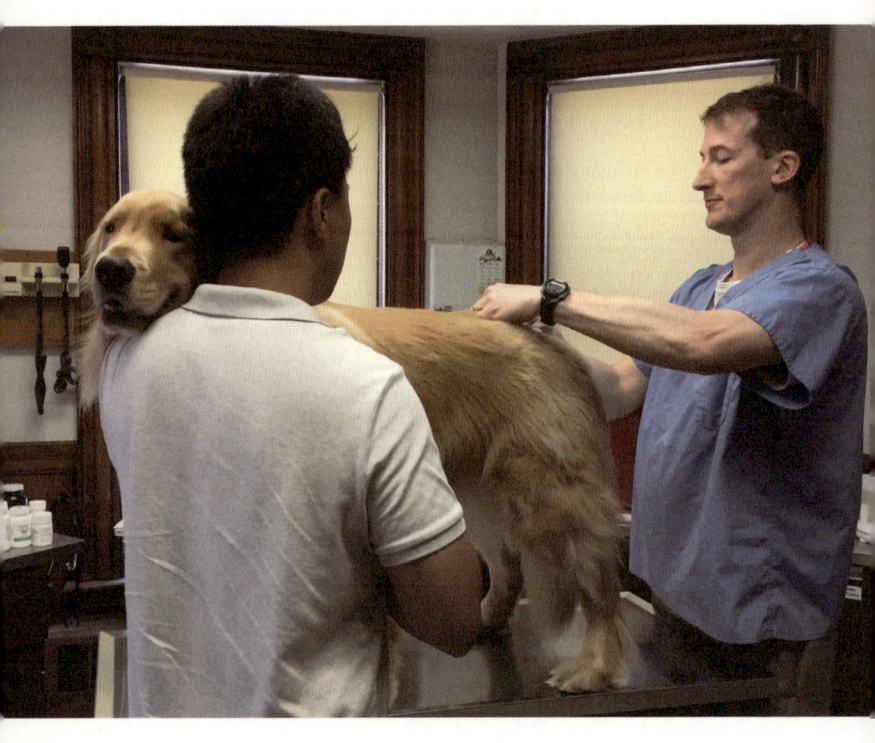

아가고 싶어요."

해나는 몸무게를 재고, 코난의 콧구멍에 '칙!' 하고 무언가를 뿌렸다. 보데텔라 백신이라고 했다. 보데텔라 접종은 주사가 아니라 코에 분사하는 것이란다.

"귀 자주 긁는 편이에요?"

코난의 귀 문제에 대해선 이야기하지도 않았고, 오늘은 그 문제까지 상담할 생각은 아니었는데, 아마도 코난이 진료실에 들어온 뒤 보인 행동에서 알아차렸나보다. 닥터 해나는 기구로 들여다보더니 오른쪽 귀에 감염 증세가 있으니 바르는 약을 처방해주겠다고 했다.

"길쭉한 연고 주둥이를 귀 속에 쑤욱 넣어 짜주시고요, 귓바퀴에도 조금 바른 뒤 가볍게 문질러주세요. 응가 샘플은 가져오셨어요?"

"아니요."

"만약에 검사할 만큼 충분한 양이 안 되면 샘플을 가지고 다음에 다시 오셔야 할 수도 있어요. 일단 한번 해볼게요."

그녀는 간호사를 불렀다. 코난을 움직이지 않도록 잡게 하더니 양손에 찰싹 달라붙는 수술용 장갑을 끼고 코난의 항문 안쪽으로 검지를 쑤욱 넣었다. 약간의 응가를 채취한 뒤, 조금 더 필요할 것 같다며 한차례 더 시도. 다행히 검사가 가능한 양이 되었다. 그녀는 결과가 나오기까지 10분 정도 걸리니 진료실 안에 앉아 기다리라고 하고는 다음 진료를 시작했다.

동물에게도 의료혜택이 필요하다

오래된 나무 의자에 앉아 결과를 기다리면서, 나는 목조건물 내부를 찬찬히 살펴보았다. 인도주의자 해리엇 버드는 '주인이 경제적 능력이 없다는 이유로 의료혜택이 절실한 동물들이 고통받아서는 안 된다'는 뜻을 가지고, 1932년에 병원을 설립했다. 비영리로 운영되어 온 이 병원이 80여년이 지난 지금까지 많은 사람들의 사랑을 받는다는 사실은 감동적이다.

달라진 점이 있다면 환자의 구성이다. 설립 당시엔 주로 말이나 염소 등 일하는 동물이 주고객이었다면 시대가 변한 지금, 말과 염소의 발길은 끊어지고 개와 고양이들이 그 자리를 대신하고 있다. 말을 위한 시설이었다는 이야기를 처음 들었을 땐 그저 '시대가 그렇게 변했구나'라는 생각에 살짝 웃음이 나왔지만, 알고 보니 슬픈 역사가 있었다. 100년 전만 해도 미국 사회에서 말의 역할은 대단했다. 물건을 나르는 일은 물론, 경찰이 범죄 현장에 출동하거나 소방관이 화재 현장에 갈 때도, 자동차가 상용화되기 전까지 교통수단으로서 인간의 생활을 도왔었다.

말들은 늙고 병들어 일어설 수 없게 될 때까지 인간에 의해 이용당하고 되팔렸다. 생명이라기보다 마치 중고차 시장에 나온 낡은 자동차처럼 취급되었다. 버드 여사는 일하는 동물들에 대한 최소한의 인도주의적 실천을 하고자 이 병원을 세웠다. 진료실 한쪽 구석 낡은 탁자 위엔 자그마한 플라스틱 기부함이 놓여 있다.

기부하세요. 당신이 변화를 이끌어낼 수 있습니다.

설립자의 뜻을 알고 나니, 공짜에 이끌렸던 마음은 진료비보다 더 많은 돈이라도 기부하고픈 마음으로 바뀌었다. 슬쩍 지폐 하나를 꺼내 집어넣는다. 누군가는 탁자 위에 자그마한 고양이 사료 캔 세 개를 놓고 갔다. 정겹다.

"결과가 나왔어요. 코난의 응가 검사 결과는 '해피'입니다!"

닥터 해나가 자기 일인 양 기쁘게 목소리를 높여 말했다. 감사 인사를 전하고 간호사에게 약 값을 지불하고는 요청한 증명서류를 받았다.

"아이고, 고생했다. 어서 가자."

코난과 함께 찬 기운이 쌩하고 도는 거리로 나섰다. 히터를 틀자 따뜻해진 차 안에서 코난이 꾸벅꾸벅 존다.

8. 개에게 책 읽어주기 프로그램

도서관에 출근하는 개 리오

우리 가족 안으로 코난이 들어온 이후, 쌍둥이들은 개와 관련된 일이라면 열일 제쳐두고 달려갔다. 보스턴에 오자마자 가장 먼저 찾아본 것도 '개에게 책 읽어주기'였다. 공립도서관 '뉴턴 프리 라이브러리'에서는 3주에 한 번 토요일에 '개에게 책 읽어주기 Read to a dog'라는 프로그램을 운영하고 있었다. 대상은 K부터 5학년까지(K는 킨더가튼, 미국에선 5학년까지가 초등학생). 인터넷으로 사전 신청을 해야 하는데, 하루에 네 명 신청을 받아 1인당 15분씩 일대일로 개와 함께하는 시간을 준다. 특이한 건, 부모라도 어린이의 허락이 있어야만 책 읽는 방에 함께 들어갈 수 있다는 사실이었다. 아이들은 흥분된 마음으로 스토리 룸 앞에 20분이나 먼저 도착해 있었다. 시간이 남았기에 화장실에 다녀오려고 나섰는데 복도에서 망아지만한 개와 마주쳤다.

'앗, 이 녀석 엄청 크다.'

다리가 길어서 섰을 때 키가 내 허리만큼 오는 회색 털의 그 개는, 지금까지 한국에서도 미국에서도 본 적이 없는 종이었다. 리오를 본 아이들은 기뻐서 어쩔 줄 몰라 했다. 우리는 예정된 시간보다 빨리 리오를 만나게 되었다. 왜냐하면 말티즈나 푸들 같이 작고 귀여운 개가 나올 것이라고 기대했던 첫번째 순서의 아이가, 예상 외로 특대형견이 나타나자 무서운 나머지 주어진 시간이 끝나기도 전에 자리를 떴기 때문이다. 늑대 같은 회색 털에 몸집은 망아지만하니 큰 개에 익숙하지 않은 아이라면 겁을 먹을 만했다.

견주 아만다는 아이들에게 리오가 아이리시 울프 하운드라는 종이며, '펫츠 앤 피플Pets and People'이라는 단체 소속으로 테스트를 거쳐 테라피 도그가 되었다고 설명해주었다. 테라피 도그와 견주들은 모두 자원봉사로 도서관 행사에 참여한다. 책을 읽는 동안 리오는 바닥에 엎드려 가만히 있었다. 15분 동안 어린이와 개, 둘만의 온전한 교감. 책 읽기가 끝나자 리오는 아이들의 얼굴을 핥았다. 아만다는 리오를 만류했지만 아이들은 오히려 리오의 애교를 즐겼다.

사람이 하지 못하는 일을 하는 개

도서관에서는 왜 개에게 책 읽어주기라는 프로그램을 운영하는 것일까. 테라피 도그 단체 '펫츠 앤 피플'에 따르면, 개들은 아이들이 책을 잘못 읽거나 틀리더라도 지적하고 고쳐주려 하지 않기 때문에, 아이들이 책 읽는 것을 편안하게 느끼고 책과 가까워지는 효과가 있다고 한다. 인내심 있고 점잖은 견공들은 인간에게 성급한 비평을 하지 않는다. 그래서 부모도 함께 들어오려면 어린이의 허락을 받으라고 하는 모양이다. 듣고 있다가 맘에 안 들면 "그렇게 읽는 게 아니지", "좀더 빨리 읽을 순 없니?"라며 프로그램의 취지에 반하는 돌출 행동을 할까봐 그런가 보다. 개가 하는 일은 그저 아이들의 책읽기를 진득하게 기다리고 들어주는 것. 어쩌면 부모가 아이 곁에서 해야 할 일도 그런 게 아닐까.

또 한 가지, 개에게 책 읽어주기는 아이들의 스트레스를 낮춰주고 심리적으로 안정시키는 효과도 있다고 한다. 테라피 도그는 아니지만 집에서 키우는 개와 함께 책을 읽는 것도 매우 행복한 일이다. 코난이 질풍노도의 시기를 지나 차분해지자, 아이들은 폭신하고 따뜻한 코난의 몸에 기대 책을 읽는 일이 많아졌다. 참 평화로운 시간이다. 단, 너무 포근한 나머지 둘 중 하나가, 혹은 아이와 개 둘 다 스르르 잠에 빠져드는 부작용이 나타날 수도 있다.

코난의 친구집 방문기

3

모터사이클 타며
새 삶을 만끽하는 친구

코난의 친구집
방문기

바람을 맞으며 달리는 체스터

"새해 복 많이 받으세요."

보스턴에서 차로 한 시간, 로웰시의 아파트에 들어서니 누군가 한국말로 우리를 반긴다. 20대 후반의 예쁘장한 여성, 셰이다. 마트에 다녀오는 길인지 종이 백을 양손에 들고 와서 과일을 한 접시 깎아놓고 쿠키도 수북이 담고 음료를 따라놓는데, 그 모습이 흡사 손이 큰 한국 주부 같다.

"2년 동안 한국에 있었거든요. 군위군 효령면에요. 대구에 살면서 버스를 타고 군위에 있는 초등학교에서 영어를 가르쳤어요. 한국 사람들한테 군위라고 하면 '구미요?' 이렇게 물어요. 그러면 '아니요, 군. 위.' 이렇게 대답하곤 했죠."

촬영 때문에 전국 각지 안 다녀본 곳이 없는 나에게도 '군위'는 참 낯선 지명이었다. 미국에서 개 때문에 연결되어 만났는데, 경상북도 군위군 효령면에서 일했던 아가씨라니. 세상 참 좁다. 친구 집에 간 코난은 흥분을 주체하지 못해 반들반들한 거실 바닥을 뛰어다니다가 연신 미끄러졌다. 사실 여기에 온 건 셰이의 아빠 제임스 씨와 그의 개 체스터를 만나기 위해서였다.

2012년 가을, 매사추세츠주에 사는 제임스 리카 씨는 뉴햄프셔에서 특별한 버스를 기다리고 있었다. 잠시 후 도착한 버스에는 50마리의 개들이 타고 있었다. 그날은 입양 수속을 마친 가족에게 개들이 인계되는 날이었다. '펫 파인더'라는 유기동물 입양 사이트를 통해 버지니아주의 보호소에 있던 체스터의 사진을 본 순간 그는 첫눈에 반해 입양을 결심했다. 제임스에게 체스터를 처음 안은 순간의 기분을 물었더니 의외의 답이 돌아왔다.

"죄책감이 느껴졌어요. 당시 집에 열세 살짜리 화이트 테리어 피Pea가 있었거든요. 마치 피를 대체하려고 체스터를 맞는 것 같아 엄청 미안했어요."

강아지 때 브리더로부터 데려와 13년의 세월을 함께하고, 이제는 늙고 병든 화이트 테리어 피. 그런데 체스터가 집에 오자 그의 걱정과 달리 피에게 오히려 생기가 돌기 시작했다.

"체스터랑 장난치는 피를 보고 있자니 마치 회춘을 한 것 같았어요. 체스터한테서 젊은 기운을 받기라도 한 듯이 말이에요. 피는 그 후로 4년을 더 살고 열일곱 살에 세상을 떠났어요."

어쩌면 체스터 덕분에 피가 예정보다 더 오래, 건강하게 살다 갔는지도 모르겠다고 제임스는 생각한다.

케언 테리어, 미니 푸들, 미니 슈나우저가 믹스된 외모. 사회화도 잘되어 있고 문제 행동도 전혀 없는 녀석이 왜 전 주인에게 버림받았는지 제임스는 이해할 수가 없었다. 어느 날 저녁이었다. 식사를 준비하는 사이 부엌에 있던 체스터가 갑자기 이상한 소리를 내면서 쓰러지더니 부들부들 떨었다. 제임스는 이제까지 개가 발작하는 걸 본 적이 없었기 때문에 너무나 무서웠다고 한다. 개 뇌전증(간질)이었다. 체스터가 버려진 이유가 아마도 이 병 때문일 것이라고 어렴풋이 짐작했다. 병원에선 완치를 기대할 수 없는 병이라고 했다.

"불안해서 혼자 둘 수가 없더라고요. 가여운 체스터를 위해서 뭔가 해줄 게 없을까 궁리했어요."

체스터가 혼자 있는 동안 발작을 일으켜서 기도가 막히기라도 하면 큰일이었다. 제임스는 모터사이클 여행을 떠올렸다. 몸집이 아담한 체스터를 사이클에 태우면 어디든 함께 다닐 수 있으니, 위험 속에 혼자 두지 않아도 된다. 사이클에 넉넉한 크기의 가죽 가방을 달고 나쁜 남자 느낌이 나도록 개 해골 문양을 붙인 뒤, 체스터의 자리로 정했다. 라이더라면 패션! 개 고글, '도글^{doggle}'도 준비했다. 바람을 흠뻑 맞으며 귀 털이 날리는 걸 체스터는 무척 좋아했다. 보스턴 시내를 비롯한 매사추세츠주 전역, 북쪽으로 뉴햄프셔, 버몬트, 캐나다 국경까지 함께 갔고 로드아일랜드, 코네티컷 등의 뉴잉글랜드 지역을 섭렵, 2017년의 첫 순간은 마치 사랑하는 연인들처럼 뉴욕 타임스퀘어 광장에서 맞았다.

많은 사람들의 사랑을 받는 특별한 개

4년간 체스터와 함께 4,000마일(6,437킬로미터)을 달린 제임스에게 가장 좋았던 곳을 물었다.

"다 좋았어요. 사실 유명한 관광지를 보기보다는 이곳저곳 사람들을 만나러 여행을 다녀요. 길에서 만난 사람들이 체스터를 보고 귀엽다며 말을 걸어오고, 함께 사진을 찍는 순간들이 정말 좋거든요."

브루클라인 고등학교 조정팀과 포즈를 취한 체스터

한번은 한적한 국도를 달리는데 뒤에서 경찰차가 쫓아왔다. 사이렌까지 울리면서 말이다. 제임스는 놀라서 갓길로 모터사이클을 붙여 세웠다.

"경찰이 '아저씨, 방금 신호 위반하셨죠?' 이러는 거예요. 너무 긴장이 됐어요. '아니요, 위반 안 했는데요.' 그랬더니 갑자기 씩 웃으면서, 사실은 개가 모터사이클 타는 게 너무 귀여워서 사진 좀 찍으려고 불러 세웠다는 거예요. 허허."

병원에서 발작을 줄이는 약을 처방받아 꾸준히 먹이며 간호하자 체스터의 상태는 확연히 좋아졌다. 최근에는 헴프 오일 hemp oil이 좋다고 해서 구해서 먹이고 있다. 한 달에 열 번이나 일어나던 발작이 이제는 한 달에 한 번으로 줄었다. 하지만 약의 부작용이 나타나고 있었다. 전에 비해 몰라보게 살이 찌고 관절이 약해졌다. 관절에 좋다는 음식도 먹이고 운동도 시키고 있지만, 약 부작용을 당해내기는 어렵다. 그래도 그는 이 정도의 행복한 삶을 유지하는 것에 감사한다.

"원래 입양할 때 제 개라고 생각하고 데려왔거든요. 그런데 아빠한테 뺏겼지 뭐예요. 아빠가 체스터한테 첫눈에 반해서 내놓으려고 하지 않고, 체스터도 저보다 아빠를 더 따르는 것 같아요."

체스터의 엄마가 될 뻔하다가 졸지에 누나가 된 셰이가 약혼자 이야기를 꺼냈다.

"사실 제 약혼자가 코리안이에요. 그런데 그 사람, 한국에 가본 적은 없어요. 입양인이거든요."

생후 4개월에 미국으로 입양된 그가 출생에 관해 아는 유일한 정보는 태어난 곳이 경상북도라는 것뿐이었다. 마침 셰이가 머물렀던 곳도 경상북도라 둘 사이에 공통 화제가 생겼고, 자연스레 가까워졌다고 한다. 매사추세츠 출신 미국 여인과 버지니아의 한국계 입양인이 경상북도 이야기로 가까워져 결혼을 약속했다니. 그리고 그 집 개와 한국 개 코난이 보스턴에서 만나 친구가 되었다는 믿기 어려운 이야기. 우리는 마주보며 외칠 수밖에 없었다.

"세상 참 좁다!"

결혼하면 한국으로 신혼여행을 가고 싶다는 셰이는 냉장고 문을 열어 벌링턴의 한국 마트에서 샀다는 무려 3킬로그램짜리 고추장 통과 1.8리터 진간장을 꺼내 한국 사랑을 증명해보였다.

"너무해. 이건 우리집 고추장, 간장 통보다 더 크잖아!"

"고추장은 언제나 제 냉장고 안에~ 저 닭갈비 엄청 맵게 잘 만들어요. 담에 만들어드릴게요!"

봄이 되면 체스터는 개 친구 조이, 사이먼과 함께 다시 여행에 나설 것이다. 제임스의 모터사이클 마니아 친구 두 명도 자신의 개를 태우고 함께 질주한다. 그들도 원래 개와 함께 모터사이클을 즐기던 사람들인지 물었더니 제임스가 발끈한다.

"아냐, 걔네들이 카피했어. 날 따라 한 거라고!"

아빠의 지극한 사랑으로, 유기견 체스터는 모터사이클을 타고 여행하는 특별한 개가 되었다. 제임스는 체스터와 함께 아메리카 대륙

횡단을 꿈꾼다.

Four wheels move the body, two wheels move the soul.
네 개의 바퀴는 몸을 실어 나르고, 두 개의 바퀴는 영혼을 나른다.

두 남자는 오늘도 두 개의 바퀴에 영혼을 싣고 미국 동부 어딘가를 달리고 있을 것이다. 그 길 위에서 함께 바람을 맞고, 몸을 기대 잠을 청하면서 추억을 쌓을 것이다.

친해지길 바라! 코난과 체스터

할머니를 구한
세 다리의 영웅

보스턴항의 세 다리 친구를 만나다

미국 노동절 연휴 첫 날인 9월 3일 아침, 우리는 보스턴 로건 공항 방면으로 향하고 있었다. 공항으로 가는 90번 도로를 달리다보니, 코난을 데리러 가던 날이 생각났다. 어찌나 걱정스럽고 또 한편 설레는 시간이었던지. 그런데 이번엔 코난과 함께 누군가를 만나러 가는 길이다. 약속 장소인 보스턴 항의 콘스티튜션 비치가 눈에 들어온 순간 걸려온 전화. 그가 대뜸 묻는다.

"어디세요?"

"근처에 왔는데 주차할 곳을 찾고 있어요."

"바다가 보여요? 그럼 해변 주차장이 곧 나타날 거예요. 무슨 색 차죠? 제가 찾아갈게요."

데이비드 랜틴 David Lanteigne, 보스턴 경찰이다. 그리고 열세 살 반, 릴리 Lilly라는 이름의 개 아빠이기도 하다. 멀리서 검정색 SUV가 멈춰 서더니 건장한 남자가 내린다. 그를 따라 내리는 개 한 마리. 한눈에 데이비드와 릴리임을 알아볼 수 있었다. 코난이 있었기에 그쪽도 우리를 바로 알아보았다.

"하이!"

SNS와 이메일로 온라인상에서 대화를 나누던 사람들이 현실 세계에서 마주하는 순간. 왠지 신기하다.

"서로 냄새를 맡게 하고 천천히 인사시키죠."

릴리는 세 다리로 콩콩 뛰듯이 다가왔다. 예상보다 힘겨워 보이는 걸음이었다. 네 다리로 지탱할 몸의 무게를 세 다리로 지탱하려니 걷는 다기보다 가벼운 점프를 하고 있었다. 데이비드가 연신 하품을 했다.

"죄송해요. 아침에 커피를 못 마셔서요. 며칠 전에 도체스터에서 개가 총에 맞은 사건이 있었잖아요? 그 일로 되게 바빴어요."

용의자는 고등학생이었다. 새벽 시간, 청소년들 사이에서 다툼이 있었는지 소란스럽더니 갑자기 총소리가 들렸다는 이웃의 증언이었다. 다행히 사람은 다치지 않았지만 10개월 된 개의 앞나리에 총알이 박혔다. 주인이 병원비를 부담할 능력이 없어서 데이비드가 일처리를 하느라 바빴던 모양이다. 바로 옆에 벤치가 있었지만 데이비드는 풀밭에 털썩 주저앉았고, 우리도 마주 앉았다.

할머니의 목숨과 바꾼 다리

2009년 5월 4일 새벽 매사추세츠주 셜리역. 노면 전철을 운전하던 기관사는 어둠 속에서 물체를 발견했다. 움직이는 무언가. 개 한 마리가 쓰러진 사람을 열심히 철로 밖으로 끌어내려 하고 있었다. 두 개의 목숨을 앗아갈 수도 있는 위태로운 순간, 기관사는 사력을 다해 브레이크를 밟았다. 하지만 거리는 이미 좁혀지고 있었다. 역부족이었다. 보스턴에서 야근중이던 데이비드가 연락을 받은 건 사고가 발생하고 몇 분이 지나서였다.

'교통사고야. 어머니는 무사하네. 그런데 개가 다쳤어.'

지인으로부터 온 메시지였다. 놀란 데이비드는 셜리 지역 담당 경찰에게 연락을 했다. 그 메시지대로 어머니는 무사했지만 릴리가 위태로웠다.

데이비드가 릴리를 만난 건 사건이 일어나기 3년 전이었다. 주 80시간이 넘는 경찰 근무를 하면서도 시간이 날 때마다 동물보호소에 봉사를 가곤 했는데, 요란한 몸짓과 소리로 방문자의 사랑을 갈구하는 보호소의 다른 개들과 달리 릴리는 늘 차분하게 데이비드를 맞았다. 그는 그저 '성격 좋은 녀석이네'라고 생각했다.

어느 날 개 산책 자원봉사를 마무리하고 집으로 돌아가려는데, 릴리가 데이비드의 차 트렁크에 훌쩍 올라탔다. 차 안에 웅크리고 자리 잡은 릴리의 모습이 귀여워서 바라보다가 곧 보내야지 했는데, 좀처럼 차에서 내리려고 하지 않더니 아예 트렁크에 드러누웠다.

"릴리의 행동과 표정이 마치 '집에 같이 가요!' 하는 것 같았어요. 떼어놓고 올 수가 없었죠. 사람이 개를 선택한 게 아니라 개가 사람을 선택한 거예요."

데이비드는 곧 입양 수속을 밟기로 마음먹었다. 릴리의 입양을 생각했을 때 떠올린 사람이 있었다. 바로 어머니였다. 데이비드의 어머니 크리스틴은 반평생을 알코올 중독자로 지내온 사람이다. 때문에 어린 시절 데이비드와 여동생은 외할머니, 외할아버지 손에서 자랐다. 최근 몇 년간 어머니는 마음을 잡고 잘 살아보려 애쓰고 있었다. 혼자 사는 어머니 옆에 릴리가 있어준다면 어머니가 새 삶을 사는 데

도움이 될 것이고, 릴리도 보호소에 있는 것보다 나은 삶을 살 수 있을 것 같았다.

하지만 어머니의 반응은 신통치 않았다. 그 이유는 바로 릴리가 피트불이었기 때문이다. 미국에도 피트불이 사나운 견종이라는 편견을 가진 사람들이 많다. 그들이 '사고를 쳤다'는 소식이 뉴스에 보도될 때마다 사람들의 혐오와 경계심은 높아져갔다. 데이비드는 릴리의 성격을 잘 알고 있었기에 어머니를 설득했고, 결국 크리스틴도 릴리를 동반자로 받아들였다. 릴리는 늘 어머니 옆을 지켰고, 어머니는 릴리에 대한 책임감 때문인지 일자리도 구했다.

"얼마 지나지 않아 어머니에게 릴리는 세상의 전부가 됐어요. 그렇게 각별한 사이가 되리라곤 저도 예상하지 못했어요."

그날도 크리스틴은 친구 집에 릴리와 동행했다가 돌아오는 길이었는데 철길을 건너다 갑자기 의식을 잃고 쓰러진 것이다. 크리스틴은 천만다행으로 사고를 면했지만, 릴리가 변을 당했다.

데이비드가 셜리의 동물병원에 도착했을 때 릴리의 상태는 처참했다. 온몸에 붕대와 튜브, 소변 줄을 꽂은 채 누워 있었는데, 사경을 헤매면서도 데이비드가 온 걸 알아차리자 꼬리만 툭툭 움직이며 인사를 했다. 그 모습에 왈칵 눈물이 쏟아졌다. 오른쪽 앞다리와 골반 골절, 장기파손도 의심되는 상황이었다. 소변에서는 피가 섞여 나왔다.

"그냥 빨간색이 아니라 바로 이런 색이었어요."

데이비드가 내가 가지고 있던 자주색에 가까운 크림슨 색 수첩을

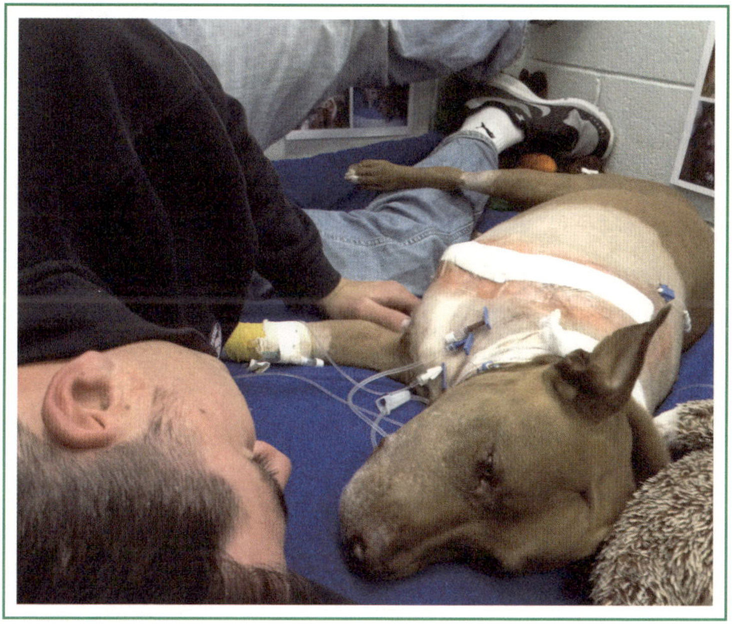

가리키며 말했다.

"정말 끔찍했어요. 가슴이 찢어지는 것 같았죠."

사고 지역 동물병원에선 간단한 응급조치를 하고 진통제를 처방해줄 뿐 큰 수술은 할 수 없는 상황이었다. 곧 보스턴에 있는 MSPCA Angell 병원으로 옮겨 정밀 진단을 받았다. 릴리의 오른쪽 앞다리의 뼈와 발바닥 패드는 완전히 망가졌다. 회복 불가라는 판단을 내린 의료진은 결국 다리를 절단하기로 한다. 두 차례의 큰 수술이 예고되었다. 하지만 수술 전, 3천 7백 달러에서 최대 1만 5천 달러에 달하는 수술비 보증을 먼저 해야 했다.

"수술비도 문제였지만 수술을 받더라도 아무것도 장담할 수 없다는 게 더 큰 문제였어요. 척추를 다쳤을 경우 신경 손상이 있을 수 있고 마비가 올 수도 있다고 했죠."

장기 내부손상도 심했고, 신장 이식수술까지 받아야 할지도 모른다고 했다.

"합병증이 생겼습니다."

병원에선 매번 최악의 상황을 알려왔다. 그 무렵 데이비드의 친구가 릴리의 사연을 담은 페이스북 페이지를 만들어주었고, 이를 통해 릴리의 사연이 알려져 뉴스에도 보도되었다. 각지에서 온정이 답지했다. 서로의 삶을 구한 할머니와 개, 그리고 할머니의 목숨과 바꾼 릴리의 다리. 릴리를 돕기 위한 모금액은 7만 달러를 넘어섰다. 치료비를 충당하고 남은 기부금은 도움이 필요한 개들을 위해

MSPCA(1868년에 설립된 매사추세츠 동물 학대 예방 협회)에 예치했다.

재활 과정은 험난했다. 앞뒤로 하네스를 매고 몸을 들어주며 걷는 연습을 시켜야 했는데, 성치 않은 세 다리로 몸을 지탱해 걷는 것은 옆에서 보기에도 고통스러운 일이었다. 데이비드와 어머니 크리스틴은 온 힘을 다해 릴리의 재활에 매달렸다. 목숨을 구해준 생명에 대한 당연한 예의였다.

유타에서 온 편지

릴리가 힘겹게 재활을 이어가던 어느 날, 유타에 사는 크론이라는 피트불의 주인에게 연락이 왔다. 무언가 할말이 있다는 것이었다. 그녀는 원래 다른 주에 살다가 유타로 이주해 피트불을 키우고 있었는데, 어느 날 이웃집 사람이 문을 두드렸다고 한다. 무슨 일인가 나가 보니 이런 말을 하더란다.

"이봐요, 우리 카운티에서 피트불을 키우는 건 법으로 금지되어 있어요. 당장 개를 다른 데로 보내시오."

그리고는 신고를 했는지 곧 행정기관에서 찾아왔다. 확인 결과 법 규정은 맞았다. 그녀는 미처 몰랐지만 피트불은 크론이 사는 시에서 키우는 게 금지된 견종이었다. 그녀는 절대 개를 보낼 수 없다고 했다.

"정 그러시다면 개를 사유지 밖으로 한 발짝도 내보내면 안 됩니다."

"좋아요. 우리집에서 단 한 발짝도 안 나가지요."

단호하게 말하고는 정말로 자기 집과 마당을 벗어나지 않게 키우

데이비드, 릴리와 함께 한 코난

며, 피트불의 '변호사'가 되어 사람들의 인식 변화를 위해 싸워왔다고 한다. 그러던 중 불행히도 크론이 뇌종양에 걸렸고, 머지않아 무지개다리를 건넜다는 것이다. 그녀가 데이비드에게 말했다. 크론은 그렇게 편견 속에 살다 갔지만, 릴리는 많은 사람들의 도움을 받고, 또 유명해졌으니 릴리의 위치에서 할 수 있는 일을 해야 한다고. 차별받는 개들의 권리를 위해 힘써달라고.

이후 데이비드는 뜻있는 사람들과 릴리 재단을 만들어 피트불이 처한 현실을 알리고 차별을 없애기 위해 애쓰고 있다. 동시에 재단에 답지하는 기부금으로 의료 혜택이 필요한 개들을 돕고 있다. 이런 노력과 변화들이 쌓이고 쌓여 세상은 조금 더 나은 곳으로 변해갈 것이다.

테러 현장을 지킨 피트불 친구

보스턴 마라톤 현장을 지킨 블루베리

피트불 릴리를 키우면서 데이비드는 사람들의 편견 때문에 속상하고 억울한 적이 한두 번이 아니었다고 했다. 2010년에 나는 '도시의 개'라는 다큐멘터리를 제작하면서, 미국의 동물보호소를 취재했는데 그때 보호소에 넘쳐나는 개 중 가장 많은 견종이 바로 피트불이었다. 또다른 피트불 블루베리를 만난 건 바람이 몹시 불던 1월의 어느 날이었다. 약속 장소인 월라스톤 해변에 도착하니 블루베리와 개 친구 맥시머스가 엄마들과 함께 기다리고 있었다. 블루베리 엄마와 맥시머스 엄마는 피트불에 대한 차별을 없애기 위해 분투중인데, 2013년은 그들에게 잊지 못할 해였다.

2013년 보스턴 마라톤. 결승점 근처에서 발생한 폭발 사건으로 세 명이 숨지고, 열여섯 명이 팔이나 다리를 잃었으며, 200여 명이 부상을 당했다. 체첸계 형제가 압력솥으로 만든 폭발물로 벌인 잔혹한 사건이었다. 보일스턴 스트리트는 여러 상업시설과 회사가 모여 있는 보스턴의 중심가다. 시간이 지나 사건 현장은 본래의 모습을 되찾았지만, 그 날 거리에 나섰다가 아비규환의 현장을 목격한 직장인들은 당시의 충격 때문에 일터로 돌아올 수가 없었다.

블루베리와 맥시머스는 공포에 질려 있는 사람들을 위로하기 위해 테라피 도그 단체인 '도그 본즈Dog B.O.N.E.S'의 친구들과 함께 보일스턴 스트리트로 나섰다. 길 한편에 자리를 잡고 원하는 사람은 누구나 개들을 끌어안고 위로받을 수 있도록 했다. 사람들은 블루베리의 귀에 대고 마음을 털어놓기도 하고 흐느껴 울기도 했다. 트라우마를 겪고 있다는 한 여자가 말했다.

"다시는 이곳에 돌아오지 못할 거라고 생각했어요. 그런데 블루베리를 만나고 나서 마음이 좀 가라앉았어요. 두려움에 맞서야겠다는 생각이 드는군요."

피트불 맥시머스에겐 슬픈 과거가 있다. 맥시머스는 강아지 시절 달리는 차 안에서 차창 밖으로 던져졌다. 다행히 그 현장을 목격한 사람에 의해 구조되어 보호소로 왔고, 엄마 캐런에게 입양되었다. 언젠가 티브이에서 그 장면을 본 기억이 났다.

"그 장면 뉴스에서 본 적 있어요. 그게 맥스였단 말이에요?"

"아뇨, 그건 맥스가 아니에요. 피트불의 경우 그런 경우가 비일비재하죠."

마치 쓰레기를 버리듯 차창 밖으로 던져지는 강아지들. 이런 몹쓸 일을 당하는 피트불 강아지들이 적지 않다고 한다.

블루베리는 어린 시절 열 마리의 형제들과 함께 세탁실에 갇힌 채 방치되어 있다가 보호소로 보내졌다. 보호소에서 자원봉사를 하던 모라는 애지중지하던 개를 백혈병으로 막 잃은 참이었는데 블루베리를 보고 사랑에 빠졌다.

"편견 때문에 피트불을 키우는 데 어려움이 많다는 걸 알고 계셨잖아요. 그런데 왜 피트불을 입양하셨나요?"

"가장 큰 이유는 피트불이 정말 사랑스러운 개이기 때문이에요.

그런데 너무 많이 죽임을 당하죠. 사람들의 편견을 깨고 세상을 바꿔보고 싶었어요. 그게 블루베리를 입양한 또하나의 이유예요."

모라는 블루베리에게 테라피 도그 테스트를 받게 하기로 마음먹었다. 하지만 잘될지 확신할 수 없었다. 블루베리가 어린 시절 갇혀 지낸 탓에, 형제들 외에 다른 개나 사람과 교류가 전혀 없었기 때문이다. 흔히 테라피 도그라고 하면 골든이나 래브라도 리트리버를 떠올리게 마련. 테라피 도그에 도전하는 피트불 블루베리에게 우려의 시선이 많았다. 하지만 블루베리는 견종과 자라온 환경에 대한 걱정을 깨고 한 번에 테스트를 통과했다. 블루베리와 맥시머스, 이 기특한 개 봉사자들은 호스피스 병원을 찾아가 환자들을 위로하고 시험 기간엔 대학을 찾아가 긴장된 학생들의 스트레스를 풀어주기도 한다.

피트불은 왜 '나쁜 개'가 되었나

아메리칸 켄넬 클럽이 공식적으로 피트불이라 칭하는 견종은 아메리칸 피트불 테리어American Pit Bull Terrier, 아메리칸 스태포드셔 테리어American Staffordshire Terrier, 그리고 스태포드셔 불 테리어Staffordshire Bull Terrier까지 세 종이다. 반려동물이 가족이자 아이로 여겨지는 시대에 피트불은 왜 '위험한 개'라는 오명을 갖게 된 것일까. 휴메인 소사이어티의 자료를 바탕으로 미국 질병 관리 및 예방 본부CDC가 분석한 통계에 의하면, 1979년부터 1996년 사이에 개 물림 사망 사건에 가장 많이 연루된 견종이 피트불이다. 이런 통계가 사람들이 피트불을 경

블루베리와 모라

계하는 '합당한' 근거가 되지 않을까?

피트불의 권리를 생각하는 사람들은 통계의 오류를 지적한다. 사고 발생시 어떤 개가 물었느냐는 대개 개의 생김새로 판단되는데, 그러다보니 지나치게 많은 개들이 피트불로 분류된다는 것이다. 미국 내 반려견 중 공식적으로 피트불로 부르는 건 앞서 이야기 한 세 종이지만, 겉모습으로 피트불로 판단될 수 있는 종은 무려 20종에 이른다고 한다. 개체수가 많으면 사고를 치는 녀석의 숫자도 높아지는 법. 결국 사람들이 피트불이라 부르는 건 단일 '종'이 아니라 리트리버나 하운드처럼 '피트불 타입'의 개들이라고 봐야 한다는 것이다. 피트불의 '변호인'이자 어린이들에게 개 물림 안전 교육을 하고 있는 스테판 볼드윈Steffen Baldwin 씨는 미국 내 피트불 사고 논란을 이렇게 비유했다.

"마치 이렇게 말하는 것과 같지 않나요? '지프나 포드, 링컨 같은 미국 차종은 혼다에 비해 사고를 많이 일으킵니다. 이런 국산 차는 위험하니 미국에서 금지시켜야 합니다'라고 말이에요."

그러면서 마크 트웨인의 명언을 전했다.

"세상에는 세 가지 거짓말이 있다. 거짓말, 빌어먹을 거짓말, 그리고 통계Lies, Damned Lies and Statistics."

둘째, 피트불 타입의 개를 키우는 일부 견주의 의식도 문제다. 투견 목적으로 개를 키우는 사람들, 공격성이 강하게 드러나도록 개를 유도하는 일부 견주들이 불행한 사건을 야기하고, 피트불에 대한 부정적 이미지를 고착화하는 데 일조한다.

셋째, 미디어가 확산시키는 오해다. 하나의 사건이 보도되고 수천 건의 기사로 퍼지면 그 이미지의 확산은 상상을 초월한다. 2001년 라크로스 미국 대표 선수였던 서른세 살 다이앤 휘플Diane Whipple이 샌프란시스코에서 이웃 개 두 마리에 물려 과다출혈로 사망한 사건이 대표적이다. 사건 초기, 미디어들은 이 개들이 피트불이라고 보도했다. 휘플과 같은 아파트에 살고 있던 두 마리의 가해견은 갱단 멤버인 주인이 종신형을 살게 되자, 그의 변호사 부부가 맡아 키우던 중이었다.

당시 현장에 있지 않았던 남편Robert Noel은 과실치사 혐의로, 개를 끌고 나왔던 부인Marjorie Knoller은 2급 살인혐의로 기소되었는데, 각각 캘리포니아 대법원에서 징역 4년, 15년을 선고받았다. 그런데, 나중에 알고 보니 그 개들은 피트불이 아닌 프레사 카나리오였다. 견종이 피트불이었건 프레사 카나리오였건 상관없이 이 사건이 끔찍하고 불행한 사건이었던 것은 틀림없는 사실이다. 추후 오보는 정정되었지만, 이미 '피트불이 또 사고를 쳤다'는 뉴스는 외신을 타고 전 세계로 퍼진 뒤였다. 사회화가 잘된 개이건 아니건, 단지 피트불이라는 이유로 가는 곳마다 꽂히는 따가운 시선. 피트불을 키우는 사람들의 스트레스는 이루 말할 수 없다.

BSL 말도 안 되는 차별

피트불에 대한 차별은 단지 차가운 시선에 그치지 않는다. 소위 '위험한 개들'이 아예 발을 못 붙이도록 법적 제재가 가해지는 도시도 있다. 블루베리 엄마 모라에게 물었다.

"심각한가요?"

"심각하죠."

"얼마나 심각한가요?"

"집안에 있는 개를 그냥 잡아간다고 보면 되요. 창문 틈 사이로 피트불이 보이면 그냥 잡아가는 거예요."

"자기 집을 벗어나지 않아도요?"

"그렇다니까요."

견종에 따라 도시 내 거주 자체를 법적으로 제한하는 곳이 있다는 사실은 놀라웠다. BSL^{Breed Specific Legislation}은 특정 종에 적용되는 법이란 뜻이지만 풀어서 이야기하자면, 사람이나 동물이 개에게 공격받는 일을 줄이기 위해 특정 견종을 규제하거나 금지하는 법을 포괄적으로 일컫는 용어다.

1970년대 중반에 미국 내 피트불의 숫자가 급격히 많아지고, 80년대에 들어 이들이 연루된 사건이 늘어나면서 피트불에 대한 법적 제재가 이슈화되었다. 마치 몇몇 개 물림 사건 이후 관련 법안이 우후죽순 발의된 우리나라의 상황과 비슷했을 것이라 짐작해본다.

미국 각 지역의 BSL 중에는 소극적으로는 이미 데리고 있는 피트불(혹은 법이 정한 그 외의 견종)은 규정에 따라 잘 관리하되, 더이상의 피트불이 태어나지 않도록 중성화를 법적으로 의무화하고 지키지 않을 경우 벌금을 물리는 소극적 대응부터, 외출시에 반드시 입마개를 해야 한다는 조항, 심지어 도시 내에 아예 발을 붙이지 못하도록 하는 적극적 제재도 있다. 콜로라도주의 덴버시는 피트불에 대해 엄격한 법조항을 두고 있다. 피트불이 적발되면 견주는 개를 다른 도시로 보내야 한다. 견종이 불분명한 경우 덴버 동물보호소에 DNA 검사를 의뢰하는데, 주된 신체적 특질이 피트불 타입으로 밝혀지면 검사비와 보호소에 머무는 기간의 비용을 견주가 모두 부담한 뒤 개는 다른 주 보호소로 추방된다.

"블루베리와 함께 콜로라도에 사는 친구 집에 여행가는 게 제 꿈이에요. 그 꿈이 이뤄지는 날까지 우리는 싸움을 멈추지 않을 겁니다."

블루베리 엄마 모라가 말했다.

개의 문제는 사람의 문제

현재 우리나라에서도 '맹견'의 관리를 강화하기 위한 법이 발의되고 있다. 소위 '위험한 개'들을 좀더 철저히 관리하자는 것이다. 일반적으로 개의 관리를 철저히 하자는 대의에는 당연히 동의한다. 하지만 '위험한 견종'을 법으로 명시하고 제재하는 것은 다수의 죄 없는 개와 견주들을 잠재적 범죄자로 낙인찍고 미리 벌하는 일이 된다. 같은 개라도 어떻게 키워졌느냐에 따라 성격은 달라진다. 개 물림 사고는 견종의 문제가 아니라 '그 개'의 문제이다. 아니 그 개를 키운 '사람'의 문제다.

어떤 사람이 흉악한 사건을 일으켰는데 그가 우연히 나와 같은 인종이었다면, 그리고 내가 그 인종이라는 이유만으로 잠재적 범죄자 취급을 받는다면? 우리는 부당한 대우에 저항해 싸울 것이다. 어떤 인종이, 어떻게 생긴 사람이, 혹은 몸무게나 키에 따라 더 위험하고 덜 위험하다고 이야기할 수 없는 것처럼 개들도 마찬가지다. 견종차별은 인종차별과 다를 바 없다.

평균 연령 80세 가족

코난의 친구집
방문기

매리와 잭과 스피디, 어르신들을 만나다

"코난 어서 와."

잭이 우리를 반겼다. 스피디 집은 개 친구의 집 중 우리가 가장 자주 방문한 집일 것이다. 이웃 동네 뉴턴빌에 있는 스피디의 집은 개 키우는 사람들에겐 꿈의 집이었다. 울타리가 있는 잔디 마당, 바로 옆에는 찰스 강변의 산책로가 있다. 말하자면 아담한 도그 파크를 집에 두고 있는 셈이다. 마당에서 부엌으로 연결되는 현관문을 열자 늘 그렇듯 열세 살 올드 도그 스피디가 컹컹 짖었다. 잠시 후 잭의 부인 매리가 예쁜 단발머리를 하고 나타났다.

"어머, 머리 자르셨지요."

"아, 아니…."

전에 만났을 땐 어깨까지 내려오는, 약간 흐트러진 머리 모양이었는데, 귀밑 바로 아래에 오는 단정한 금발로 바뀌어 있었다.

"머리 짧아졌는데요 뭘. 훨씬 예뻐요."

웬일인지 매리는 그 흔한 '땡큐'도 한 번 안 하고 머뭇거렸다. 남편 잭이 슬그머니 나서서 말했다.

"사실, 그거 가발이야."

내 눈치도 참. 잭이 말을 꺼내기 약 0.3초 전에야 비로소 머릿속에 '혹시?' 하고 생각이 스쳤던 것이다. 진작 알아차렸더라면 모른 척하는 건데. 일흔 살 동갑내기 부부 매리와 잭은 사실 이 집의 막내다. 열세 살 개 스피디, 열일곱 살과 열여섯 살 고양이 모자母子를 세간의 개와 고양이 나이 셈법으로 계산하면 스피디 82세, 엄마 고양이 84세, 아들 고양이 80세이다. 동물들 평균 연령 82세, 이곳은 시니어들의 집이다.

금융계에서 일하다 9년 전 은퇴한 잭은 보스턴에서 나고 자란 진짜 보스토니안이다. 부인 매리는 40년 동안 중고등학교에서 수학을 가르쳤고, 은퇴 후에는 지역에서 외국인 학생들을 가르치는 자원봉사를 해왔다. 자녀가 없는 이들은 스피디와 고양이들을 자식처럼 여기며 살고 있다. 개 재활센터에 취재를 갔다가 이들과 친구가 되어, 주말에는 종종 가족 동반 식사를 하는 사이로 발전했다.

"너희들 어느 학교 다닌다고 했지?"

"메모리얼 스폴딩 초등학교요."

"아, 웨그먼스 슈퍼마켓 지나서 우회전한 뒤 로터리에서 첫번째 출구로 나가면 브루클라인 스트리트에 있는?"

잭은 마치 구글 지도처럼 도시를 훤하게 꿰고 있었다. 70년을 한 지역에서 살았으니 그럴 만도 했다. 우리가 나누는 이야기의 소재는 아이들의 학교생활, 보스턴 사투리, 야구와 테니스, 동물보호소에 이르기까지 다양했다. 물론 '개'는 우리에게 가장 중요한 대화 소재였다. 매리는 거실 벽에 걸린 그림들에 대해 이야기를 펼쳐놓았다. 그림 속 주인공은 모두 이 집에서 키우던 개들이다.

"누가 그린 거예요? 꼭 사진 같아요."

"매리가 그렸어. 그림을 걸 곳이 모자라서 벽이 더 필요하다나 뭐라나."

잭이 말했다. 그림은 워크숍에서 몇 번 배운 게 전부라는데 그녀의 개 그림은 매우 사실적이면서 동시에 서정적인 느낌을 주었다. 20년간 피디로 일하면서 깨닫게 된 것이 있다. 휴먼다큐멘터리를 제작할 때 주인공을 가장 아름답게 찍는 카메라맨은 촬영 공부를 많이 한 사람이 아니라 그 인물에 대해 애정이 있는 카메라맨이란 사실이다. 마음이 기능을 앞서기 때문이다. 매리의 그림 역시 그런 맥락이리라.

잭과 매리의 '아마도 마지막 개' 스피디는 유타주의 사막에서 뒷다리 한쪽이 다친 채로 발견됐다. '베스트 프렌즈'라는 미국 최대의 노 킬 셸터No-Kill Shelter에서 2년 동안 보살폈지만, 입양을 원하는 사람은 없었다.

"미국 사람들은 검은 개에 대한 편견이 있어. 아마 스피디가 검은 색이어서 빨리 입양이 되지 않았을 거야. 검은 개, 검은 고양이, 검은 토끼⋯ 왜 검은 건 다들 그렇게 질색하는지 모르겠어. 한국에선 어때?" 매리가 물었다.

"한국도 비슷해요. 검은 개는 막연히 무섭다고 생각하는 사람들이 있어요."

매리와 잭은 검은 개 스피디를 입양하기로 했다. 아니, 매리가 스피디를 입양하기로 정하고 자기는 그저 동의한 거라고 잭이 말했다.

"사실 나는 개 별로 안 좋아해."

잭의 말에 매리가 나에게 눈을 찡긋하면서 웃는다. 매리의 신호가 아니었더라도 나는 잭의 말이 농담이란 걸 알고 있었다. 그의 말과 행

스피디와 인사하는 코난

동을 조금만 관찰해보면 알 수 있다.

"나도 하루에 한 번 넣는 안약을 이 녀석은 두 번이나 넣어줘야 한다니까. 안구 건조증 때문에 수의사가 처방해줬어"라면서 시간에 맞춰 안약을 가져와 스피디의 눈에 넣어주거나, 노견에 드는 의료비 부담에 대해 이야기할 땐 "애들 키우는 집에서도 한 달에 아이한테 그 정도는 쓰지 않나?"라고 말하는 식이다. 이 정도면 '츤데레' 할아버지 등극이다.

열네 살 생일을 앞둔 스피디에게 부부는 많은 정성을 기울이고 있었다. 우선 스피디의 뒷다리 치료 때문에 재활센터에 방문할 때마다 100달러 정도의 비용이 든다. 2주에 한 번 재활치료를 받고 있으니 그것만 해도 월 200달러. 보스턴에 위치한 MSPCA Angell이라는 동물종합병원의 정형외과, 안과, 통증관리과에 정기 진료를 다니고 있고, 몸무게 관리를 위해 의사가 처방한 저칼로리 캔 사료를 먹이고 있다. 이것저것 합해 스피디한테 한 달에 드는 돈은 월 600달러.

"은퇴하신 뒤라 부담되지 않아요?"

"그냥 여행을 포기하기로 했어. 한때 정말 여기저기 많이 다녔었는데. 스피디가 삶의 질을 유지하도록 돕고 싶어. 녀석을 잃고 싶지 않거든."

매리와 잭은 이집트가 지금보다 치안 상황이 나았을 때 룩소르 지역을 야간 크루즈로 여행한 이야기며, 칠레의 소금 사막을 거닐었던 이야기를 들려주었다. 부부에게 그런 여행은 이제 저만치 흘러간 과

거의 일이다.

"우리 가족이잖아. 녀석의 노후를 위해 돈을 쓰는 게 하나도 아깝지 않아."

노년의 견주야말로 노견의 마음을 가장 잘 헤아리는 사람들이 아닐까. 평생 위로가 되어준 그들 삶의 후반을 살피는 것, 어쩌면 당연하지만 아름다운 일이다.

안락사에 대한 이야기

두 살 때 보호소에서 입양해 12년을 키웠으니 스피디와 추억도 많을 터였다. 스피디가 비행기로 유타의 보호소에서 보스턴으로 날아왔을 때, 집에는 한 살 많은 개 몰리가 있었다. 잘 지낼지 걱정도 했었지만 둘은 곧 친해졌다. 마치 친구가 없던 아이에게 처음으로 친구가 생긴 것처럼 느껴졌던 걸까. 스피디와 몰리가 처음으로 나란히 마당을 걷던 2006년의 어느 평범한 날을 매리는 가장 행복했던 기억으로 꼽았다. 몰리는 2년 전, 열두 살이 되던 해에 무지개다리를 건넜다. 병으로 고통스러운 삶을 이어가던 몰리 생의 마지막에 부부는 돌보아주던 수의사에게 안락사를 부탁했다고 한다. 개를 사랑하는 매리와 잭의 선택에 다른 의심은 들지 않았지만 나는 여전히 안락사에 대해 문화적 충격을 느끼고 있었다. 미국에서 만난 많은 애견인들로부터 마지막 순간에 안락사를 택했다는 이야기를 들어왔다. 그들의 생각이 궁금했지만 그런 이야기를 물어도 될지 망설여졌다. 나는 용기를 내서 물었다.

"키우던 개를 안락사시키는 것, 솔직히 저는 어떻게 생각해야 할지 잘 모르겠어요."

약간의 침묵이 흘렀다.

"안락사는 힘들지만 옳은 결정이라고 생각해. 더이상 몸을 쓰지 못하고 삶의 질이 보장되지 않을 때, 존엄을 지켜주는 것이 동물들에 대한 예의라 믿어. 솔직히, 난 사람도 마찬가지라고 생각하거든." 매리가 말했다.

"하지만 그 타이밍은 어떻게 정하나요? 사람이라면 스스로 정할 수도 있겠지만 개들은 그럴 수가 없잖아요. 물어볼 수도 없고."

심각한 표정으로 한참을 침묵하던 잭이 말했다.

"굉장히 어려운 일이지. 시간을 정하는 건 결국 지극히 개인적인 판단일 수밖에 없어."

둘은 곧 눈가가 발그레해지더니 촉촉해졌다. 몰리가 떠올랐기 때문이리라. 아니, 어쩌면 다가올 또 한 번의 결정 때문일지도 모른다.

"몰리가 힘들어하는 걸 더이상 볼 수 없다고 느꼈을 때 수의사에게 물었지. 만일 당신 개라면 어떻게 하겠느냐고. 그가 말했어. 지금이 그때인 것 같다고."

결정은 고통스러웠다. 하지만 부부는 그것이 몰리의 마지막을 위한 옳은 판단이었다고 믿는다. 사랑하는 존재가 고통 속에서 힘겨운 나날을 보낸다면 우리는 어떤 선택을 해야 할까. 이 문제에 관해선 우리 사회에서도 앞으로 논의가 진행될 것이다. 그리고 답을 얻는 데까지는 시간이 꽤 걸릴 것이다.

보스턴을 떠나기 전, 매리와 잭을 마지막으로 만난 건 스피디의 열네 살 생일이 며칠 지난 어느 날이었다. 스피디는 전과 달라 보이지는 않았지만 변화가 찾아오고 있었다.

"하네스를 샀어. 이 녀석 이제 계단을 오르내리질 못해."

보행을 보조하기 위해 뒷다리를 들어주는 용도의 하네스다. 거실에서 마당으로 나가려면 계단을 지나야 하는데 스피디가 넘어지기 시작했다. 그래서 계단을 오르내릴 때 뒷다리에 하네스를 매고 매리와 잭이 들어주어야 한다. 또다른 증세도 있었다. 집에 들어왔을 때 우리를 보고 짖은 스피디가 잠시 후 와서 짖고, 또 짖기를 반복했다. 평소엔 처음 만났을 때만 짖고 잠잠했던 녀석인데 이상했다. 매리가 말했다.

"치매가 온 거래. 아까 만났던 걸 잊어버리고 마치 새로운 사람이 온 것처럼 또 짖는 거야."

우리는 동네 중국집에서 음식을 사다가 스피디 집에서 송별파티를 하기로 했다. 매리의 빨간 승용차를 타고 아이들과 내가 나섰고, 남편과 잭은 스피디와 코난을 돌봤다.

"한국에 돌아가게 돼서 좋으니?"

매리가 묻자 진이가 대답했다.

"45퍼센트는 돌아가고 싶은 마음, 55퍼센트는 여기에 더 있고 싶은 마음이에요. 할머니 할아버지, 그리고 친구들과 만나는 건 기쁘지만, 여기 생활이 좋은 점도 많거든요."

그 좋은 점 중엔 학원에 다니지 않아도 되는 것, 그리고 코난이랑 자유롭게 뛰어놀 시간과 공간이 많다는 것도 포함된다. 매리는 올해 안에 코난의 초상화를 그려주겠다며 잘 나온 사진 한 장을 골라 보내라고 신신당부했다. 그리고 언젠가 한국으로 여행 올 날을 꿈꾼다고 했다. 그렇게 그들과 작별을 하고 우리는 보스턴을 떠나왔다.

안녕 스피디

매리의 메일을 받은 건 그로부터 한 달쯤 지난 7월의 어느 날이었다. 우리는 로스앤젤레스에서 요세미티로 가기 위해 프레즈노라는 도시에 잠시 머물고 있던 중이었다. L.A.의 시원한 해양기후와 달리 내륙으로 들어서자 뜨거운 바람이 불어왔다.

> 스피디에게 혈관육종이라는 암이 발견됐어. 치매도 심해졌지. 뒷다리 상태는 더욱 악화돼서 아예 계단을 오르내릴 수 없게 되었어. 잭이 하네스로 들어주려고 해도 거부를 하더라고. 최근엔 집안에서 걷다가도 넘어지고…
> 우린 수의사와 긴 의논 끝에 안락사를 결정했어. 마음 아프지만 옳은 결정이었다고 믿어. 어제 수의사가 우리집으로 와주었어. 스피디와 함께 바닥에 앉아서 우선 스피디를 편안하게 재웠지. 그러

고 한 시간 40분 동안 우리와 함께 있어 주었어. 집안은 아주 고요했어. 스피디에게 말해주었어.

"넌 최고의 개였어. 우리와 함께해주어서 고마워. 사랑해."

잭과 나는 아직도 기억해. 스피디가 우리에게 처음 왔던 날을. 몰리와 행복하게 뛰어놀던 그때를. 수의사는 몰리의 죽음이 스피디의 치매를 앞당겼을 거라고 했어. 둘은 아주 친했거든. 우리가 얼마나 힘든 시간을 보냈는지 아마 짐작할 거야.

캘리포니아는 어때? 여행 이야기를 듣고 싶네.

— 사랑을 담아, 매리

언젠가 매리와 잭이 보여주었던 홈 비디오 장면이 떠올랐다. 스피디가 유타의 보호소를 떠나 보스턴 공항에 도착한 순간을 찍은 비디오였다. 두 살 스피디, 그리고 그를 맞던 50대의 매리와 잭. 그때 셋은 지금보다 12년씩 젊었다. 그 사이 스피디의 검은 털은 희끗희끗하게 변해 회색이 되었고, 매리와 잭의 머리카락 또한 그렇게 변했다. 코난의 친구, 우리가 만났을 때 결코 빠르지 않았던 스피디. 잭과 매리의 삶의 일부였던 스피디가 이제 갔다. 스피디는 무지개 저편 하늘나라에서 몰리와 즐겁게 뛰어놀고 있을까. 관절염도, 나쁜 암도 없는 그곳에선 아프지 말고 행복해야 해.

안녕, 스피디.

열 살 디에고를 책임지는 든든한 친구들

코난의 친구집
방문기

SNS 스타견을 만나다

얼마 전 텍사스에 사는 제시와 버즈라는 개 친구들에게 선물로 간식을 보냈더니, 엄마 릴리아나로부터 메시지가 왔다.

'와우! 간식 고마워. 제시랑 버즈가 정말 좋아해.'

'좋아했다니 기뻐. 그런데 그거 생선으로 만든 거라 먹고 나면 애들 입냄새가 심할 거야.'

'음, 먹고 나서 나한테 다가오는데, 확실히 입냄새가 장난이 아니었어. 하하!'

골든 리트리버 남매, 제시(세 살)와 버즈(한 살)는 한국에 있을 때 SNS로 알게 된 개 친구들인데, 팔로워 1만 5천 명이 넘는 스타견들이다. 패밀리 네임은 곤잘레스. 가족은 15년 전 멕시코 과달라하라라는 곳에서 미국으로 이민을 왔다. 안정적인 직장에 다니는 남편과 착한 세 아들을 둔 릴리아나에게 걱정거리란 없었다. 막내 디에고의 증상을 알기 전까지는. 두 살 무렵, 디에고는 말을 거의 하지 않고 특정 행동을 반복했다. 검사 결과 발달장애였다. 분노 발작 증세까지 있는 디에고의 일상은 하루하루가 도전이었다.

새로운 가족

릴리아나는 디에고가 여섯 살이 되던 해에 개를 키우기로 결심한다. 디에고처럼 발달장애가 있는 아이들의 정서에 개가 도움이 된다는 이야기를 들어왔기 때문이다. 훈련된 테라피 도그나 서비스 도그를 알아봤더니, 연락한 곳에서 8천 8,000달러에서 1만 5,000(약 1,000만 원~1,800만 원)라는 거금을 요구했다. 미국에는 무료로 테라피 도그를 매칭해주는 단체들이 몇몇 있지만 인연이 닿지 않았던 모양이다. 자연스럽게 공인 테라피 도그는 포기했지만, 평범한 강아지라도 디에고에게 도움이 될 거라는 생각은 여전했다.

부부는 인터넷을 통해 미국과 멕시코 국경에 위치한 텍사스주 리오 그랜드 시티의 한 브리더를 알게 되었다. 미국에서 두번째로 큰 주 텍사스. 같은 주에 사는데도 브리더에게 다녀오기 위해 디에고 아빠는 왕복 열두 시간을 운전했다고 한다. 강아지가 디에고를 돕기를 바랐지만, 실제로 어떤 결과를 불러올지는 아무도 예상하지 못했다. 릴리아나는, 남편이 아기 제시를 품에 안고 현관에 들어섰을 때 디에고가 보인 표정을 잊지 못한다.

"디에고가 제시를 보자마자 환호성을 지르는 거야. 그 아이의 표정이 그렇게 환해지는 걸 본 적이 없었어."

집에 온 첫날부터 제시는 디에고의 둘도 없는 친구가 되었다.

"디에고는 잘 웃고, 가족들에게 애정 표현하기를 좋아하는 아이였어. 하지만 학교에서 친구를 사귀는 건 잘 못했지. 제시는 언제나 디에고 옆에서 친구가 되어주었어."

디에고는 손가락으로 방바닥을 두드리는 행동을 끊임없이 반복했는데 지금은 학교에서 돌아오자마자 제시가 달려들어 키스를 퍼붓는 통에 그럴 틈이 없다고 했다. 갑작스러운 분노 발작이나 탈진 증세를 가장 먼저 알아차리고 엄마에게 알리는 것도 제시다.

"정말 신기하지 않아? 디에고가 심통이 났을 땐 옆에서 기분을 풀어주려고 온갖 재롱을 부리고, 발작으로 탈진해 있을 땐 달려가서 얼굴을 마구 핥아 줘. 그리고 디에고가 감정을 가라앉히고 편안해질 때까지 옆에 가만히 누워 있곤 하지."

제시와 버즈

발달장애 아이와 함께하는 롤러코스터 같은 생활. 평온하게 지내다가도 갑자기 발작이 시작되면 제어할 수가 없으니 그때마다 절망감이 들었다. 제시를 가족으로 맞고 1년 뒤, 버즈가 왔다. 지금은 제시와 버즈라는 디에고 전담 간호사가 24시간 옆을 지키니 릴리아나와 남편은 한결 마음이 놓인다고 했다.

발달장애를 치료로 완벽하게 낫게 할 수는 없다. 하지만 제시와 버즈가 있어 디에고는 덜 외롭고 덜 힘든 삶을 살게 되었다. 가족들은 제시와 버즈를 큰 축복으로 여긴다. 릴리아나는 말한다.

"남은 시간 동안 이 녀석들을 아낌없이 사랑할 거야. 제시와 버즈를 가족으로 맞은 건 40년 내 인생의 결정 중 가장 잘한 선택이었어."

코난의
미국 서부 여행기

4

미국 이별여행

1년간의 보스턴 생활을 마무리할 시간이 다가오고 있었다. 남편이 졸업을 하고, 6월 말에 아이들이 방학을 하면 7월 초, 우리는 서부로 떠날 계획이었다. 귀국하기 전 3주 동안 서부를 여행하고 돌아갈 생각이었기 때문이다. 우리는 보스턴에서 국내선 비행기를 타고 유타주의 솔트레이크시티로 이동해 하루를 묵고 옐로스톤 국립공원에서 캠핑을 한 뒤, 3대 캐니언을 여행하기로 했다. 그런 다음 네바다를 거쳐 캘리포니아의 로스앤젤레스와 요세미티 국립공원에 들렀다가 샌프란시스코에서 한국으로 가는 비행기를 탈 예정이었다. 물론 모든 여정엔 코난이 함께할 것이다.

나름대로 미니멀리즘을 실현한다며 집에 물건을 많이 들여놓지 않았지만, 막상 떠나자니 정리할 것이 많았다. 배편으로 짐을 보내고 몇 가지 물건은 중고로 팔고, 침대 매트리스는 시청에 전화해 대형 폐

기물로 내놓았다. 1년이었지만 이 집에 정이 많이 들었다. 아이들 친구들이 놀러와 춤추고 수다를 떨며 놀던 집, 코난이 무사히 적응을 잘 해주었던 집, 바닥이 카펫이어서 청소는 힘들었지만 녀석이 미끄러질 염려가 없어서 좋았던 집. 다채로운 추억을 함께한 공간이었다. 비행기를 타는 날 새벽까지 남은 짐을 쌌는데, 이민가방 여섯 개에 코난의 켄넬까지, 여행 짐이 아니라 거의 이삿짐 수준이었다. 정든 집을 떠나는 감상 따위는 느낄 새도 없이 밤새 짐을 싸고 새벽녘에 부랴부랴 집을 나섰다.

타던 차는 이미 며칠 전 한국으로 보내고, 렌트한 차에 코난의 켄넬을 분리해서 겹쳐놓고 그 안에 짐 가방을 우겨넣어 간신히 짐을 실었다. 켄넬은 긴 쪽 너비가 1미터 20센티미터나 돼 이동할 때 늘 문제였다. 만일 솔트레이크시티에 예약해놓은 렌트카에 켄넬이 들어가지 않으면 어쩔 수 없이 현지에 던져버리고 출국 전 마지막 도시인 샌프란시스코에서 다시 사야 할지도 모른다. 새벽 5시 반, 공항 카고 입구에서 남편과 아이들이 켄넬을 조립했다. 일단 국내 이동이라 필요한 서류는 비행기 탑승 전 10일 이내에 받은 건강진단서뿐이었다. 수속은 더뎠다.

"휴, 저한테 왜 이걸 맡겼는지 모르겠네요. 솔직히 저는 일을 시작한 지 얼마 안 돼서 경험이 없거든요."

업무 연수중인 신참 직원은 난감해했다. 전날 확인차 카고에 방문해 문의를 하고 직원의 권유대로 출발 세 시간 전에 왔지만, 지금처럼 시간이 지연된다면 렌트카 반납에 탑승 수속까지 시간이 빠듯했다. 코난은 아직 무슨 일이 벌어질지 눈치채지 못한 듯했다. 1년 전 비행기 화물칸 켄넬 안에서 견뎌야 했던 그 악몽 같은 일이 또 다가오고 있다는 것을. 서류 작업이 끝나고 켄넬에 들여보내니 비로소 상황을 파악한 코난이 목이 터져라 짖기 시작했다.

'날 두고 어딜 가는 거야! 엄마! 날 버리는 거야?'

마치 이렇게 외치는 듯했다.

"엄마, 코난 어떡해. 괜찮겠지?"

"괜찮을 거야. 한국에서 여기까지도 무사히 잘 왔잖아. 코난한테 인사하고 나가자."

국제선 비행도 견딘 코난에게 국내선은 아무것도 아니라고 아이들을 달랬다.

'잘 견뎌야 해. 널 버리는 게 아니야. 코난은 똑똑하니까 이 상황 알지?'

이륙 시간까지 한 시간이 채 남지 않아 초조했다. 가장 큰 문제는 비행기를 놓치면 코난이 솔트레이크시티에서 마냥 우리를 기다리거나 미아가 될 수도 있다는 것이었다.

"아무래도 안 되겠다. 공항 상황이 어떤지 모르는데 다 같이 움직이다간 비행기 놓칠 수도 있겠어. 내가 애들이랑 짐을 가지고 탑승 수속을 하고 있을 테니 당신이 렌트카 반납하고 오면 어때?"

남편이 제안했다. 나는 가족들과 짐을 터미널에 내려놓고 렌트카

회사로 향했다. 월요일 아침 공항은 북새통이었다. 터미널을 빠져나가는 길은 꽉 막혀 있었다. 불길했다. 이대로라면 비행기를 놓치는 건 기정사실이었다. 최악의 경우 남편과 아이들이 먼저 떠나 코난을 받고 나는 다음 비행기를 타야 할지도 몰랐다. 거북이 주행으로 가까스로 공항을 빠져나왔지만, 이번엔 길을 잘못 들었다. '이건 불가능이야. 난 틀렸어.' 거의 포기하는 심정으로 차를 반납하고 공항으로 가는 셔틀버스를 탔다. 공항에 도착하니 다행히 내가 없는 상황에서도 항공사에서 발권을 해주어서 가족들은 준비 완료 상태로 대기중이었다. 다함께 질주! 우리는 슬라이딩을 하듯 가까스로 솔트레이크시티행 비행기에 몸을 실었다.

GO WEST! 유타주 솔트레이크시티로

솔트레이크시티를 목적지로 정한 데에는 이유가 있었다. 보스턴에서 한국까지는 직항이 없어서 미국 중서부의 어느 도시까지 이동을 한 뒤 국제선으로 갈아타야 한다. 귀국할 때 한 번의 국내선 이동은 필수이니, 이동하는 김에 서부를 여행하기로 한 것이다. 옐로스톤 국립공원과 3대 캐니언에서 비교적 가깝고 교통이 편한 큰 도시, 솔트레이크시티는 여행의 시작점으로 최적이었다.

비행기에서 내리자마자 렌트카를 받아 카고로 달려갔다. 검고 긴 머리를 레게풍으로 땋은 항공사 직원이 말했다.

"코난이 도착해 있어요. 밖으로 나가서 첫번째 카고 철문 앞에서 기다리세요."

철문이 열리고 켄넬이 나왔다. 조심스레 목줄을 매어 꺼내주자 코난은 꼬리를 흔들며 반가워했다. 한국에서 미국에 막 도착했을 때의 어리둥절함과는 확연히 달랐다. 여름 솔트레이크시티는 내가 가진 동계올림픽의 이미지와는 거리가 멀었다. 뜨겁고 건조한 사막의 날씨로, 도착한 날의 최고 기온은 40도에 달했다. 코난이 무사히 도착했다는 기쁨은 더위가 주는 피로감을 싹 날려주었다.

다음날 아침, 우리는 엘 몬테 캠핑카 렌탈 사무소로 향했다. 서부의 첫 여행지는 옐로스톤 국립공원인데, 캠핑카 여행을 하기로 한 건 코난 때문이었다. 옐로스톤 국립공원은 워낙 넓기 때문에 바깥의 숙소에 머물면서 공원 안을 드나드는 것은 소모적이다. 그래서 다섯 달 전에 국립공원 내부에 있는 숙소를 알아보았지만, 개와 함께 묵을 수 있는 오두막은 예약이 다 차 있었다. 고민 끝에 결정한 방법이 캠핑카를 빌려 개를 허용하는 캠프그라운드에 머무는 것이었다. 엘 몬테에 도착해 예약해둔 캠핑카를 받았지만 이동수단을 바꾸는 일도 간단치 않았다. 그 많은 짐을 차로 옮겨 싣고, 아이들과 코난을 태우니 전에 빌렸던 밴이 남았다. 남편이 밴을 운전해 렌트카 회사에 반납을 하고 택시를 타고 다시 엘 몬테 사무소로 돌아와야 옐로스톤으로 출발할 수가 있었다.

이렇게 대망의 서부 여행이 시작되었다. 어떤 것도 예측이 불가능한 여행이!

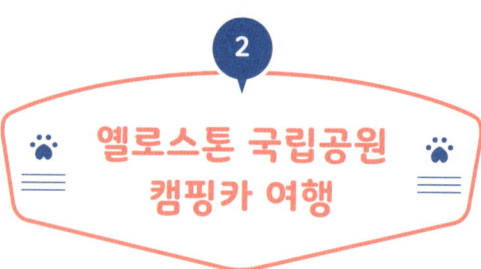

2. 옐로스톤 국립공원 캠핑카 여행

몰리를 찾아서

캠핑카로 다섯 시간을 달려 몬타나주의 웨스트옐로스톤에 도착한 건 7월 초였다. 마을 읍내에는 캠핑장, 관광 안내소와 더불어 몬타나의 상징인 곰과 바이슨 조각상들이 실물 크기로 서 있었다. 우리는 '그리즐리 캠프그라운드'에서 하루를 묵고, 옐로스톤 국립공원 안으로 들어갔다. 몰리 엄마 베스로부터 연락을 받은 건 막 솔트레이크 시티에 도착했을 때였다. 몬타나의 천혜의 자연환경에서 야생동물을 이웃 삼아 살고 있는 몰리는 코난의 친구, 여덟 살 골든 리트리버다. 베스의 연락은 전화도 이메일도 아닌 SNS 댓글이었다.

'너희가 옐로스톤에 오는 주말, 우린 아마 산 위의 오두막에 있을 거야. 몬타나에 들어오면 연락줘.'

베스와는 얼굴을 본 적이 없다. 전화번호도 모른다. 우리는 1년 전쯤 SNS 친구가 되어 '좋아요'를 주고받는 사이였다. 베스는 내가 올린 게시물을 보고 우리가 조만간 몬타나에 올 거란 걸 알아차렸다. 만남이 성사된다면, 마치 80~90년대 국제 펜팔을 하던 친구와 현지에서 만남을 시도하는 것 같은 상황이 된다. 주행하는 캠핑카 안에서 베스에게 다이렉트 메시지를 보냈다.

'우리 옐로스톤에 들어왔어. 국립공원 안에는 사흘 정도 머물 예정이야. 위치가 어디야?'

'우린 쿡시티에 살아.'

쿡시티? 얼른 지도 검색을 해보았다. 오, 노! 쿡시티는 옐로스톤 국립공원의 북동쪽, 우리가 접근하는 경로는 서쪽 끝이다. 우리의 베이스캠프가 될 '피싱브리지 캠핑카 파크Fishing Bridge RV Park'는 국립공원의 중앙에 위치해 있어, 쿡시티까지 무려 편도 네 시간 거리였다.

"고민된다. 이 차로 가면 속도를 낼 수 없으니 더 걸릴지도 몰라. 마지막 날 쿡시티까지 갔다가 캠핑장으로 돌아와서 자고 다음날 새벽에 와이오밍의 캠핑장으로 이동하면 이동시간이 총 열세 시간은 될 거야."

그럼에도 불구하고 가보기로 했다. 몰리를 찾아서. 봄이면 들꽃 핀 벌판을, 여름이면 몬타나의 계곡을, 겨울엔 눈밭을 누비는 몰리의 사진을 보며 나는 생각했다.

'코난에게도 이런 삶을 선물하고 싶다.'
'나도 자연과 가까운 삶을 살고 싶다.'
몰리의 삶은 동경의 대상이었다.

코난의 옐로스톤 탐방기

옐로스톤Yellowstone National Park은 미국 최대 국립공원이자 59개 공원 중 최초로 국립공원으로 지정된 곳이다. 와이오밍, 몬타나, 아이다호, 세 개 주에 걸친 방대한 이곳은 차를 타고 달리고 달려도 끝이 없다. 그림 같은 풍경의 해이든 밸리Hayden Vally를 지나다보니 길가에 차들이 정차해 있었다.

"뭐지? 사람들이 모여 있는 걸 보니 뭔가 있는 모양인데?"

우리는 갓길에 차를 세우고 다가가서 그들이 바라보는 곳을 보았다. 묵직하게 생긴 고동색 물체, 바이슨이다! 몰리네 동네 사진에서 보던 바이슨이 눈앞에 있었다. 야생동물과 개는 가까이 하면 안 되기 때문에 코난을 차에 두고 우리는 난생처음 바이슨을 구경했다. 국립공원을 달리다가 갓길에 차가 세워져 있고 사람들이 옹기종기 모여 있으면 그곳엔 어김없이 야생동물이 있었다. 커다란 뿔이 달린 사슴을 닮은, 그러나 덩치가 훨씬 큰 엘크도 가까이서 볼 수 있었다. 느릿한 움직임으로 꽃밭에서 풀을 뜯다가 이동하는 엘크는 몽환적인 분위기마저 자아냈다.

"엄마, 카메라 줘봐. 내가 찍어볼게."

쌍둥이는 가벼운 흥분 상태였다. 일상에서 만나는 반려동물이 평범하고 사랑스러운 이웃이라면, 야생동물은 흔히 볼 수 없는 신비한 이웃, 말하자면 연예인 같은 존재였다. 아이들은 거리를 유지하면서 조심스럽게 야생의 친구들을 카메라에 담았다. 코난은 차창을 통해 먼발치에서 낯선 친구들과 조우했다.

옐로스톤 국립공원은 아름답지만 위험한 곳이다. 우선 야생동물 때문이다. 캠핑장 입구에는 'BE BEAR AWARE(곰 조심)'라는 큼지막한 간판이 세워져 있고, 쓰레기통은 탱크를 만드는 재료라도 되는 듯 무거운 철로 뚜껑이 철컥 닫히도록 만들어져 있었다. 거대한 곰이 앞발로 쾅 내려치더라도 결코 열리거나 부서지지 않을 강철 쓰레기통인 것이다. 곰에게 쏘는 곰 퇴치용 스프레이도 준비했지만, 곰과 맞닥

🐾 캠핑카 바로 옆을 지나던 바이슨

뜨린 상황에서 과연 그걸 꺼내 쏠 경황이 있을지, 곰이 그걸 맞고 멈 칫하긴 할런지 의문이었다. 곰과 코요테가 출몰하는 곳에서는 특히 개 관리가 철저해야 한다. 규정대로 어디서나 6피트(1.8미터) 이내의 목줄을 하고, 놓치지 않도록 조심 또 조심해야 한다. 그리고 반려동물 은 개발된 구역, 즉 포장된 길이나 주차장, 캠프그라운드 등으로부터 100피트(30.5미터) 이상을 벗어나면 안 된다.

또 한 가지 위험 요인은 바로 뜨거운 온천수다. 곳곳에서 간헐천 이 뿜어져 나오는 걸 볼 수 있는데, 전 세계 간헐천의 반이 옐로스톤 국립공원에 있다고 하니 정말 어마어마하다. 이곳 온천수는 최고 온 도 120도, 강한 산성을 띠는 매우 위험한 물이다. 개들은 물 온도가 차 가운지 뜨거운지 멀리서 알아차리지 못하기 때문에 잘못해서 뛰어들 면 엄청난 사고로 이어질 수 있다. 실제로 1981년에 캘리포니아에서 여행을 온 데이비드 앨런 커윈이란 스물네 살 청년이 온천에 뛰어든 친구의 개를 구하기 위해 셀레스틴 풀에 다이빙을 했다가 사망한 사고 가 있었다. 개도 목숨을 구하지는 못했다. 아름다운 옐로스톤에 도사 리고 있는 위험이 얼마나 위협적인지 알 수 있는 사고이다. 물론 규칙 만 잘 지킨다면 야생의 자연을 얼마든지 안전하게 즐길 수가 있다.

간헐천 구경은 교대로 이루어졌다. 남편이 아이들을 데리고 보 는 동안 나는 코난과 함께 입구에서 산책을 하고, 일행이 돌아오면 내 차례가 되는 식이다. 옐로스톤의 대표적 간헐천인 올드 페이스풀 가이저Old Faithful Geyser는 개와 함께 구경하는 것이 허락된다. 약간 거

리가 떨어진 곳에 나무 그루터기들이 있는 숲이 있는데 쓰러진 나무 기둥에 걸터앉아 솟아오르는 온천수를 볼 수 있다. 올드 페이스풀Old Faithful이란 이름이 붙여진 건, 이 온천이 어느 온천보다 오랫동안 일정한 시간 간격으로 물줄기를 뿜어왔기 때문이다. 예고된 시각에 정확하게, 뜨거운 물이 분수처럼 하늘로 치솟았다. 우리는 이 충직한 간헐천을 충직한 코난과 함께 즐겼다.

피싱브리지 캠핑카 파크에 접수를 하고 차를 세웠다. 상수도와 하수도, 전기선을 연결하니 옐로스톤 국립공원 안에 이동식 우리집이 만들어졌다. 캠핑카는 캠핑장에 도착하고 떠날 때마다 상수도, 하수도관이며 전기를 연결했다가 분리해야 하며, 차체가 크고 육중해 이동이 느리고 주차가 불편하다는 단점이 있지만, 코난이 이동중에도 넓은 캠핑카 안에서 편안하게 머물 수 있다는 장점도 있다. 에어컨이 가동되는 차 안에서 불을 써서 음식을 만들 수 있고, 샤워나 화장실 이용도 가능하다. 자전거 여행을 하는 작가가 쓴 글에서 캠핑카 여행에 대해, 집 한 채를 끌고 다니는 야만적인 행위로 묘사한 것을 본 적이 있다. 그런데 역설적으로, 캠핑카 여행은 우리가 집이나 호텔에서 지낼 때 얼마나 무심하게 물이나 불, 에너지를 소비하고 있었는지 깨닫게 한다. 물이 쫄쫄 나오는 샤워실에서 샤워를 하다보면, 욕조에 몸을 담그고, 콸콸 쏟아지는 물에 시원하게 머리 감는 일조차 사치로 느껴지기 때문이다.

통신 두절

우리 차는 옐로스톤 국립공원을 달리고 있었다. 나는 차 안에서 SNS로 베스에게 연락을 시도했다.

'우리가 머무는 곳에서 그곳까지 네 시간은 걸릴 것 같아. 만나려면 언제가 좋을까?'

만남이 가능한 시간과 주소를 묻는 메시지를 쓰고 '보내기'를 눌렀다. 그런데! 거짓말처럼 인터넷이 끊겼다. 인터넷이 문제가 아니었다. 전화 자체가 아예 끊겨버렸다. 이런, 국립공원에 들어오기 전에 필요한 모든 연락을 마쳤어야 했다.

"앞에 있는 산을 봐. 딱 봐도 안 통하게 생겼네."

인터넷이야 그렇다 치더라도 요즘 세상에 통신이 끊긴다는 건 생각해본 적이 없는 일이었다. 공원 입구로 나가려면 두 시간, 왕복 네 시간이 걸린다. 갑자기 어디든 기지국이 있어 인터넷 끊길 일 없는 아담한 우리나라가 그리워졌다. 다니다보면 통하는 곳도 있겠지. 이틀 동안 국립공원을 돌아보고 몰리네 집에 가기 위해 비워둔 사흘째가 되었지만 전화는 여전히 불통이었다. 그렇다고 시간 약속도 없이 삼남매를 싣고 왕복 여덟 시간 거리를 무작정 달려갈 수는 없는 일이었다. 결국 고대하던 몰리와의 만남은 무산되고 말았다. 몰리네와의 일뿐이 아니었다. 수일째 통신 두절 상태가 이어지자 한국에서도 난리가 났다고 한다.

"요즘 세상에 전화가 안 통하는 곳이 있을 거라고 누가 생각이나 했겠니? 큰일이라도 난 줄 알고 얼마나 가슴 졸였는지 몰라!"

온갖 불길한 생각을 하고 계셨던 부모님은 아무래도 안 되겠다 싶어 영사관에 연락을 하려던 순간 우리에게서 전화가 온 거라며 놀란 가슴을 쓸어내렸다. 남쪽으로 달려 와이오밍의 잭슨 홀을 지날 때쯤에야 겨우 통신이 가능했다. 마침내 몰리네와도 연락이 닿았다.

'전화가 끊겨서 연락할 방법이 없었어. 정말 아쉽네. 우린 이미 잭슨 홀을 지나고 있어.'

'너무 아쉽다. 다음번에 이곳에 오면 꼭 만나자.'

간헐천이 끓고 곰과 바이슨이 출몰하는 야생의 땅 옐로스톤. 아름답고 위험한 곳, 만남이 어긋났던 곳. 몬타나에 다시 오면 이루어야 할 소망 하나를 남긴 채 우리는 다음 캠프 그라운드로 향했다. 와이오밍의 산기슭에 금빛 저녁 햇살이 쏟아진다.

🐾 와이오밍의 잠 못 이루는 밤

와이오밍의 그랜드 티턴Grand Teton 국립공원을 지나 잭슨Jackson에 들어왔다. 잭슨은 서부의 멋이 흐르는 마을이었다. 내려서 마을 구경을 하지 못하고, 잭슨의 상징인 엘크 뿔로 만든 아치를 지나쳐 오자니 아쉬움이 많았다. 해가 지고 있었고, 아이들과 코난은 잠들어 있고, 덩치가 큰 캠핑카를 세울 만한 곳이 마땅히 없기도 해서, 주차장이 넓은 슈퍼마켓에 들러 부랴부랴 저녁 재료를 사고 알파인으로 향했다.

알파인Alpine에 위치한 그레이즈 리버 코브 캠핑카 파크Greys River

몰리의 삶은 동경의 대상이었다.

Cove RV Park의 주인장은 양쪽 팔에 문신을 하고 희끗희끗한 긴 머리를 묶고, 수염을 기른 중년 남자였다. 첫인상은 조금 무섭게 느껴졌지만, 캠핑장 시설에 대해 설명하거나 전기선 연결을 도와줄 때의 태도로 봐서는 매우 친절한 사람이었다. 그는 낡은 버스를 개조해 사무실로 쓰고 있었는데, 몸집이 작은 피트불 한 마리를 데리고 있었다.

"얘는 굉장히 얌전한 애예요. 그쪽 개가 가까이 와도 괜찮을 거예요."

주인장 옆자리에 묶여 있어서 심심했던지 코난을 보자 반가움에 꼬리를 마구 흔들며 다가왔다. 근처에 목적지가 있는 것도 아닌데 이곳에 묵은 이유는, 옐로스톤에서 캠핑카 반납 장소인 솔트레이크시티까지 열 시간이 넘게 걸려 한 번에 이동하는 게 무리였기 때문이다. 알파인은 매력적인 동네였다. 서부 영화에나 나올 법한 나무로 지어진 바bar가 몇 군데 눈에 띄었고, 주변엔 광활한 목장이 펼쳐져 있었다. 어느 목장이나 입구에 나무 기둥으로 커다란 문을 세우고 가운데 엘크나 소의 머리뼈와 뿔을 하나씩 걸어두었다. 하루쯤 이곳에 머물며 둘러보고 싶은 마음이 굴뚝같았지만, 하루이틀 그렇게 지내다보면 마지막 도시인 샌프란시스코엔 출국 전에 도착하지 못 하게 된다. 더구나 우리에겐 두 명의 어린이와 한 마리의 개린이가 있다. 챙길 식구가 많을수록 예정에서 벗어난 '일탈 행동'을 하기란 쉽지 않은 법이다.

이 황량한 캠핑장엔 의외로 잘 갖춰진 샤워시설이 있어서 모처럼 따뜻한 물로 개운하게 샤워를 했다. 잠자리에 들었는데 새벽 무렵, 빗방울이 떨어지기 시작하더니 갑자기 강풍이 불어왔다. 노랗고 훤한

번개가 번쩍번쩍하더니 우르릉 쾅쾅 천둥이 쳤다. 폭풍의 세기가 심상치 않았다. 육중한 차가 좌우로 덜컹덜컹 흔들리는데, 이러다가 확 뒤집어지는 건 아닌지 불안할 정도였다. 눈을 감고 있어도 정신은 말짱하게 깨어 점점 또렷해지고, 불안과 공포는 심해져갔다. 아이들도, 코난도 모두 잠에서 깼다.

"엄마, 무서워. 이러다 차 날아가는 거 아니야?"

"괜찮아. 곧 잠잠해질 거야. 얼른 자."

애써 아이들을 안심시켰지만, 내 솔직한 심정을 아이들이 알았다면 울음을 터뜨렸을지도 모른다. 〈오즈의 마법사〉에서 회오리가 집을 통째로 날려버렸다는 설정이 이런 자연환경에서라면 진짜로 가능하겠구나 싶었다. 저녁에 보았을 때 캠핑카 중 우리 차가 가장 작은 편에 속했으니 날아간다면 아무런 예고 없이, 우리 차가 일순위로 데굴데굴 굴러갈 것이다. 행여 코난이 놀라서 짖을까 꼭 끌어안았다.

그 상황에서 어떻게 다시 잠이 들었는지 스스로도 이해가 안 가지만 깨어보니 새벽 5시, 떠날 시간이었다. 밤새 목숨을 부지한 것에 안도하며 남편과 함께 수도, 전기선을 철수했다. 동이 트기 시작하는 와이오밍의 시골길을 따라 솔트레이크시티로 향했다. 목장의 검정 소들은 드넓은 초원이 지루했던지 길가로 나와 차를 막아서면서 어슬렁어슬렁 주변을 맴돌았다. 아이들과 코난은 쿨쿨 꿈나라 여행중. 삼남매가 와이오밍의 시골 풍경을 놓치는 것이 못내 아쉬웠다.

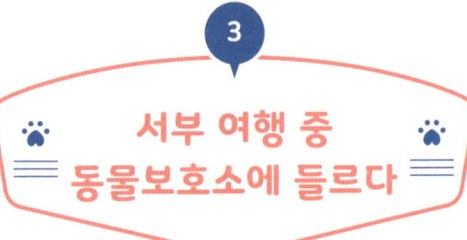

3
서부 여행 중 동물보호소에 들르다

무모한 이상주의자들의 꿈

보스턴의 이웃 매리는 입에 침이 마르도록 이곳 이야기를 했었다.

"브라이스캐니언 갈 거야? 그 근처에 베스트프렌즈라는 동물보호소가 있어. 우리가 스피디를 입양한 곳이지. 거긴 꼭 가봐야 해."

"브라이스캐니언에 가긴 할 건데 이동이 워낙 많아서요. 동선과 맞을지 모르겠네요."

"거기서 아주 가까워. 베스트프렌즈에서 일하는 내 친구 애나한테 미리 이야기해줄까?"

가보고 싶긴 했지만 위치와 이동 거리가 어떤지 몰라 확답을 할 수가 없었다. 너무 적극적인 매리의 권유도 조금 부담스럽긴 했다. 우리는 솔트레이크시티에서 캠핑카를 반납하고 밴으로 갈아탄 뒤 유타주의 남쪽 커내브Kanab로 향했다. 커내브는 그랜드캐니언, 브라이스캐니언, 자이언캐니언으로부터 절묘하게 가운데쯤 위치한 곳이어서 그곳을 베이스캠프 삼기로 했다. 그런데 지도를 보다가 새로운 사실을 발견했다.

"어! 우리 숙소랑 베스트프렌즈가 10분도 안 걸리네?"

"그래?"

남편과 두 아이들의 반응이 동시에 들려왔다. 미국에서 차로 한 시간이면 한동네, 10분이면 거의 옆집이나 다름이 없다.

"가보자! 가보고 싶어."

베스트프렌즈 애니멀 소사이어티Best Friends Animal Society는 공식적으로 보호소 내 투어를 운영하고 있다. 인터넷 홈페이지의 투어 신청란에 들어가보니, 다음날 투어가 가능했다. 오전에 투어를 하고 한 시간 반 거리에 있는 브라이스캐니언에서 하이킹을 하면 하루 일정을 알차게 보낼 수 있을 것이다.

그런데 문제가 생겼다. 베스트프렌즈 애니멀 소사이어티는 외부 동물의 출입을 금지하고 있었다. 동물을 보호하는 시설이고, 감염이나 사고의 가능성을 배제할 수 없으니 어쩌면 당연한 규칙이었다. 급히 코난을 맡길 데이케어 시설을 알아봐야 했다. 근처 시설을 검색하니 한 군데가 떴는데 이름이 재미나다. 'Auntie Pat's Pet Care', 팻 아주머니의 펫 케어다.

"내일 저희 개를 맡기고 싶은데 가능할까요? 서류는 뭐가 필요한가요? 그리고 베스트프렌즈에 갈 예정인데 거기서 멀지 않죠?"

"네, 가능합니다. 원래 광견병이랑 보데텔라 접종 증명을 가지고 오셔야 하는데 베스트프렌즈에 가신다고 하니 믿을게요. 거기 가시는 분들이 저희 집에 개를 많이 맡겨요."

3대 캐니언이 있는 여행지에 와서 굳이 동물보호소를 찾는 사람들이라면, 자기 개의 접종 관리쯤은 철저할 것이라는 합리적 추정인 셈이다. 팻 아주머니는 호텔 이름을 묻더니 매우 친절하게 길안내까지 해주셨다.

다음날 아침, 우리는 호텔에서 무료로 제공하는 아침식사를 언제나 그렇듯 '교대로' 마치고(식당에는 코난 출입이 안 되기 때문에 어른 한

명은 코난을 지켜야 한다) 팻 아주머니네로 향했다. 호텔에서 5분 정도 가니 '웰컴 투 애리조나' 표지판이 나온다. 우리 호텔이 있는 커내브라는 마을은 유타주의 남쪽 끝에 위치해 있어서, 길 하나만 건너면 애리조나주가 되었다. 팻 아주머니의 데이케어는 가정 돌봄 시설이었다. 50대 초반으로 보이는 아주머니와 고등학생쯤 된 아들이 코난을 맞았다. 에어컨이 시원하게 가동되고 있는 깔끔한 거실에서 개 대여섯 마리가 놀고 있었는데, 너무 덥지 않은 시간엔 밖에서 놀게 한다며 잔디가 깔린 뒷마당도 보여주었다.

"집이 정말 깨끗하고 분위기가 좋네요."

"그래요? 그렇게 말씀해주시니 감사해요."

"6시쯤 다시 데리러 올게요."

"우린 9시까지 괜찮고 추가 금액도 없으니까 시간 구애받지 말고 아무때나 와요."

No-Kill

베스트프렌즈는 엔젤 캐니언에 위치해 있었다. 보호소라고 해서 건물 하나가 덩그러니 서 있는 게 아니라, 산 일대가 보호소다. 열 명쯤 되는 투어 신청자들은 보호소 소개 영상물을 보고 나서, 가이드 리Lee 씨의 안내로 미니밴에 올랐다. 베스트프렌즈는 차를 타고 돌면서 설명을 들어야할 정도로 방대한 곳이다. 먼저 '말들의 안식처Horse Haven' 옆을 지났다. 유기견 아닌 유기마遺棄馬들이 목장처럼 너른 공

말들의 안식처

고양이 세상

개들의 마을

간에서 놀고 있었다.

"눈에 가리개를 한 건 파리에 의해 감염되는 병을 차단하기 위해서예요. 한번 걸리면 아주 골치 아프거든요."

파리들은 말의 눈 안쪽을 집중적으로 공격한다. 치료가 늦어질 경우 실명할 정도로 치명적이라 파리가 들끓는 여름철엔 눈을 가려놓는데, 말들도 눈을 가리는 것을 오히려 편안하게 느낀다고 한다. 학대받고 방치되거나 단지 늙었다는 이유로 버려진 44마리의 말과 염소 22마리, 3마리의 양이 이곳에 머물고 있다. 개, 고양이는 물론 돼지나 당나귀, 조류, 파충류까지 총 1,600마리의 주인 없는 동물들이 이곳을 피난처 삼고 있다.

'고양이 세상Cat World'에선 오줌 냄새가 전혀 나지 않았다.

"냄새 안 나죠? 이게 바로 자원봉사자들의 힘이랍니다. 매년 9천여 명의 자원봉사자들이 청소와 빨래를 하고 동물들을 사회화시키는 일을 돕습니다. 쓰다듬을 때는 조심하세요. 성격이 예민해서 할퀴는 애들도 있거든요."

바구니에는 깨끗이 빨아 곱게 접어놓은 자그마한 누비 담요가 차곡차곡 쌓여 있었다. 건강상태에 따라 20개의 방에 나누어 배정된 냥이들은 장난감을 갖고 놀거나 앙증맞은 침대 위에서 뒹굴거리고 있었다. 1묘 1침대 시스템이다.

'개들의 마을Dog Town'로 이동하며 리 씨가 말했다.

"투어가 끝나고 점심 드실 분은 산 위에 위치한 빌리지 카페에서 캐니언을 바라보며 식사를 하시거나, 야외 카페테리아에서 채식 뷔페를 드셔도 좋을 거예요."

매년 3만 명이 베스트프렌즈 투어에 참가하는데, 방문객들을 위해 카페테리아가 운영되고 있다. 심지어 보호소 안에 캠핑장도 있다. 보호소와 숙소를 오가며 자원봉사를 하느니, 보호소 내의 캠핑장에 머물며 여행 기분을 느끼며 봉사에 참여하는 것이다. 캠핑장은 워낙 인기가 좋아서 최소 6개월 전에 예약해야 머물 수 있다.

개들은 사회화 정도나 공격성에 따라 세 가지 색의 목줄로 나누어 관리된다. 녹색 목줄을 한 개들은 누구나 다룰 수 있는 사회화가 잘된 아이들, 보라색은 중간 정도의 사회화, 빨간 목줄을 한 개들은 보호소 직원들만 다룰 수 있는 녀석들이다. 처음 개 산책 봉사를 오면 주로 녹색 목줄의 아이들을 돌보게 된다. 리 씨는 9년 전 있었던 투견 구조 이야기를 들려주었다. 투견장에서 싸움용, 미끼용으로 이용당하던 22마리의 개들이 극적으로 구조됐는데, 개들은 학대받은 트라우마로 공격성을 띠고 있었다. 인도적인 동물단체들조차 이 개들을 안락사시켜야 한다는 의견을 냈다고 한다.

그런데 보호소에서 수년간 사회화시킨 결과, 13마리가 일반 가정에 입양되었다. 5마리는 그 사이 나이가 들어 보호소에서 세상을 떠났고, 입양되지 못한 4마리의 개는 여전히 베스트프렌즈에서 생활하고 있다. 벌써 9년째! 하지만 안락사의 위협은 없다. 만일 입양 기회가 영영 오지 않는다 하더라도 생의 마지막까지 베스트프렌즈에서

중증 장애를 갖고 태어난 개를
산책시키는 자원봉사자들

베스트프렌즈의 로비

심지어 기념품점도

뛰어놀고 자원봉사자들과 산책을 하며 살아갈 것이다.

우리 모두의 일

보호소 투어를 마치고 우리는 야외 카페테리아에서 점심을 먹었다. 가격은 5달러, 또띠아와 나초에 곁들여 먹는 다양한 멕시코풍 음식에, 각종 샐러드와 음료가 곁들여진 채식 뷔페였다. 엔젤 캐니언을 바라보며 보호소를 설립한 이상주의자들의 뜻을 생각해본다. 1980년대 초 미국 내 보호소에서 매년 1700만 마리의 동물들이 개체수 조절을 위해 죽여졌다. 뉴욕 출신의 프랜시스 바티스타 Francis Battista는 다섯 명의 친구들과 뜻을 모았다.

"뭔가 잘못됐어. 우리가 낸 세금이 우리가 사랑하는 동물들을 죽이는 데 쓰이다니."

여섯 명의 과격한 이상주의자들은 '불가능한' 목표를 세운다.

노킬 셸터 No Kill Shelter.

살처분 없는 보호소. 돈도, 경험도 별로 없던 그들은 물도, 전기도 없는 유타주 남쪽 사막에 땅을 사 보호소를 만든다. 그렇게 시작된 것이 오늘날 미국 최대의 노킬 셸터, 베스트프렌즈다. '노킬'은 정말 가능할까. 간단히 말하면 보호소로 들어오는 동물 수를 줄이고, 나가는 동물 수를 늘린다는 원리다.

퍼피밀 Puppy Mill, 강아지 공장을 없애고, 견종차별법과 싸우고, 동물관리에 관한 법 제정과 개정을 위해 나서고, 임시보호 제도, 중성화

수술과 입양을 장려해 그 목표를 이뤄간다. 무모해 보이는 이상론은 놀랍게도 현실이 되어갔다. 급진적이라 여겨졌던 비주류 노킬 운동이 심지어 주류가 되어가고 있다. 보호소에 들어오는 동물들의 생존률이 90퍼센트가 넘으면 노킬을 달성했다고 보는데, 1994년, 샌프란시스코가 노킬을 달성한 최초의 도시로 기록된 이래, 2017년 현재, 네바다주 리노를 비롯한 420개 도시가 노킬 도시가 되었다. 베스트프렌즈의 꿈은 미국 내 모든 보호소에서 살처분당하는 동물이 없는 날을 맞이하는 것이다. 이들의 꿈은 과연 이루어질 수 있을까. 베스트프렌즈 공동설립자 프랜시스가 말했다.

"지금 당장은 보호소의 살처분을 멈추게 하는 것이 우리의 일입니다. 하지만 한 단계 나아가면, 이것은 사람을 구하는 일이기도 합니다. 바로 인간이 동물과, 지구와 이루고 있는 관계를 회복하는 일입니다."

베스트프렌즈의 슬로건은 우리에게 큰 울림을 준다.

SAVE THEM ALL

We can SAVE THEM ALL

그들 모두를 구해야 합니다.

우리는 구할 수 있습니다. 그들 중 일부가 아닌 모두를.

4. 도그 프렌들리 호텔을 생각하다

거짓 리뷰에 속아 간 도그 프렌들리 모텔

코난은 14개 주와 워싱턴 D.C.를 여행했다. 목적지 외에 경유지까지 포함하면 17개 주에 달한다. 보스턴을 베이스캠프로 뉴햄프셔, 버몬트, 메인 등 뉴잉글랜드 지역을 자주 여행했고, 동부의 남쪽으로는 뉴저지와 뉴욕, 워싱턴 D.C.를 다녀왔다. 워싱턴 D.C.에서 매사추세츠까지 올 때는 열 시간이라는 장거리 주행을 했다. 서부 지역은 유타에서 몬타나, 와이오밍과 네바다, 캘리포니아까지 두루 섭렵했다. 우리는 플로리다에서 배를 타고 하는 여행, 단 한 번만 빼고 모든 여행을 코난과 함께했다. 이런 모험을 감행할 수 있었던 건 잘 갖춰진 제반 시설 덕분이었다. 미국에서 개와 함께 묵을 수 있는 호텔이나 민박을 찾는 건 그리 어려운 일이 아니었다.

우리는 힐튼 계열의 인^{inn} 급 숙소인 햄튼 인을 주로 이용했다. 뉴햄프셔주 노스콘웨이에 위치한 햄튼 인은 4층 건물에 실내수영장을 갖춘 곳이었다. 무료 아침식사가 제공되는데, 4인 가족 1박에 180달러, 반려동물 추가 비용은 없었다. 같은 체인이라도 반려동물 추가 비용이 1박에 20달러, 많게는 50달러까지 청구되는 곳도 있다. 로비엔 언제나 개를 위한 비스킷과 사람을 위한 커피가 마련되어 있어 소소한 즐거움을 주었고, 호텔 뒤쪽에는 반려동물 산책로가 있어 배변 산책을 할 때 편리했다.

미국에서 개와 함께 묵을 숙소를 잡기가 어려운 일은 아니지만, 그래도 실패는 있었다. 단풍철에 버몬트에 가기 위해서 버몬트와 뉴

여행짐인지 이삿짐인지…

"이 호텔 맘에 들어."

자주 이용한 힐튼 계열 호텔 로비의 개 비스킷

침대 하나를 셋이서 사이좋게

햄프셔 경계에 있는 도그 프렌들리 호텔을 찾아보았더니 좋아 보이는 곳은 이미 예약이 다 찼고, 'ㅇㅇ리버 모텔'이란 곳에 방이 몇 개 남아 있었다. 미국에서 모텔이라 하면 도로변에 있는 저렴한 숙소인데, 대개 단층이나 2층짜리 건물에 방들이 줄지어 있고 출입문 바로 앞에 주차장이 있어, 자기 방 앞에 차를 세울 수 있는 구조다. 위치와 주변 경관은 아주 좋았다.

뉴햄프셔의 프랭코니아에 위치해 있어서 우리의 목적지인 버몬트주 세인트 존스베리까지 30분이 채 걸리지 않았다. '오피스'란 팻말이 있는 곳에 차를 세우고 체크인을 하러 아들 진이와 함께 들어갔는데, 문을 연 순간 그만 '흡' 하고 숨을 참아야 했다. 심한 곰팡이 냄새가 코를 찔렀다. 불길한 예감이 들었다. 침침한 공간, 주인은 보이지 않았다. 카운터에 놓여있는 종을 땡땡 치니 배가 불룩 나온 주인이 야구 모자를 쓰고 나타났다.

"예약하셨나요?"

"네."

왠지 긴 이야기는 하고 싶지 않아 인쇄해온 종이를 넘겼다.

"개가 있군요. 추가 비용은 1박에 10달러입니다. 주의사항 읽어보셨죠? 개는 가구 위에 올라가면 안 됩니다. 위반시엔 벌금 200달러가 청구되고요. 여기 사인하세요."

나는 사인을 하고 주변을 둘러보았다. 내가 찾고 있던 건 엉뚱하게도 쿠키 자^{jar}였다. 인터넷 리뷰에 '갓 구워낸 웰컴 쿠키는 정말 환상적이었어요. 손님을 위한 배려가 돋보이더군요. 이 모텔에 가면 꼭 맛보세요!'라는 리뷰가 있었다. 과연 쿠키를 담은 유리병은 있었다. 초코칩 쿠키 몇 개가 찌든 듯 탁한 유리병 바닥에 깔려 있었다. '갓 구운 쿠키'는커녕 아마 오래전에 마트에서 사왔을 것이다. 서둘러 체크인을 마치고 문을 열고 나와 큰 호흡을 했다. 함께 들어갔던 진이는 어느새 밖에서 나를 기다리고 있었다.

"엄마, 나 왜 먼저 나왔는지 알아? 냄새 때문에 토할 것 같았어."

더블베드가 두 개 놓여 있는 침침한 방. 얼룩덜룩 낡고 허름한 소파. 눅눅한 카펫과 곰팡이 냄새도 예상대로였다.

"이따위 가구에 코난이 올라가면 벌금을 물린다고?"

개가 올라갔는지는 어떻게 판별하는지 모르겠지만, 훌륭한 소파나 침대가 있는 숙소에서도 그런 규정은 없었는데 어이가 없었다. 중간고사로 바빠 나에게 숙소 예약을 일임했던 남편은 짜증을 냈다.

"아, 곰팡이 냄새. 왜 이런 데를 예약했어? 너무 지저분하고 퀴퀴하네."

"누가 이럴 줄 알았나. 방이 없는 걸 어떡해."

"그러게 미리미리 좀 하지."

눈치를 보던 아들 진이가 말했다.

"생각보다 괜찮은데 왜. 오피스에 들어갔을 때 예상했던 것보단 훨씬 나아. 맘에 들어."

이 모텔에 대해 '친절하고 깨끗한 이 모텔은 이번 여행 최고의 선택이었어요!'라며 찬사를 보내던 이들은 대체 누구였을까. 심지어 '슈퍼 클린!Super clean!'이란 제목의 리뷰도 있었다. 대부분이 평점 5점 만점을 주었고, 드물게 평점이 2점인 리뷰가 있었는데(나는 이런 리뷰가 진실이었다고 생각한다), 나중에 살펴보니 부정적인 리뷰에 모텔 주인장은 굉장히 적극적이고 공세적인 반론을 달아놓기까지 했다. '제가 숙박명부를 뒤져보니 이분은…'이라고까지 써놓았으니, 불만이 있는 투숙객은 무서워서 리뷰다는 것을 포기했을지도 모른다. 물론 약간 더러운 방 상태나 곰팡이 냄새도 가격이 인근의 다른 모텔에 비해 엄청나게 쌌다면 용서됐을지도 모른다. 하지만 기가 막힌 건 '저렴한' 숙소라는 모텔이 주변 어느 호텔보다도 비쌌다는 사실이다. 모든 것이 단풍철에 미리 예약을 하지 못한 내 탓이요, 거짓 리뷰에 속아넘어간 내 탓이었다.

함께해서 더 좋은 여행

한국에 돌아와 미국의 호텔에서 묵은 이야기를 하니 주변 사람들이 물었다.

"그곳의 다른 손님들은 어땠어요? 싫은 내색 안 해요?"

우리는 한 번도 코난이 호텔 안에 있다는 사실에 불쾌한 내색을 하는 사람과 마주친 적이 없었다. 동물을 좋아하지 않는 손님도 당연히 있었을 테지만, 관심이 없거나 싫은 사람은 그냥 지나쳐 간다. "왜 이런 곳에 개를 데려와?"라고 하거나 "어휴 이렇게 큰 개를. 무서워"

라고 노골적으로 이야기하는 사람은 없다. 도그 프렌들리 호텔이라 해도 개를 데리고 묵는 사람은 일부에 불과했지만, 엘리베이터 앞에서 만나면 대개 "개가 참 착하네요" 하고 칭찬하거나, "지난번에 뉴스에서 봤는데 말이죠. 얘처럼 생긴 개가 물에 빠진 아기 사슴을 구하는 거예요. 물에서 건져놓은 다음에 사슴이 정신이 들 때까지 주둥이로 툭툭 치더라고요. 정말 신기했어요"라며 훈훈한 이야기를 건넨다. 투숙객들은 여행이나 일 때문에 집을 떠나와 있기 때문에 가장 많이 보이는 건 이런 반응이다.

"얘를 보니까 집에 두고 온 우리 개가 더 보고 싶어졌어요. I miss my dog!"

최근 우리나라에도 개와 함께 묵을 수 있는 숙소가 많아지고 있다고 한다. 개들을 위한 놀이 시설을 갖춘 펜션도 있다고 하니 반길 만한 일이다. 국내 개 동반 숙소의 80퍼센트 이상이 펜션이라고 하는데 (최근 국내 호텔들의 경우 반려견과 함께하는 패키지 상품들을 점점 많이 내놓는 추세다), 개인적으론 펜션보다 소박한 호텔을 선호한다. 주인장의 살뜰한 관심과 배려, 혹은 눈치보기에서 자유로운, 그저 여러 손님 중 하나로 체크인을 하고 방에 들어가 휴식을 취하고 다시 개와 함께 여행을 떠나는, 그런 '무심한' 숙박시설이 좋다. 우리 사회에도 동물을 좋아하는 사람과 그렇지 않은 사람들이 자연스럽게 공존하는 숙소가 자리잡는 날이 왔으면 좋겠다.

네바다주 '불의 계곡'을 가다

 숨이 턱턱

여름 라스베이거스엔 가는 게 아니었다. 애리조나와 네바다의 황량한 사막을 달리는 기분은 괜찮았다. 모하비 사막을 지나며 서부 영화 속 사막을 굴러다니는 동그란 덤불, 텀블위드Tumbleweed를 보는 재미도 있었다. 하지만 뜨거워도 너무 뜨거웠다. 차에서 내리는데 숨이 턱 막힌다. 차 문을 열고 내리자고 하니 코난은 눈이 동그래졌다. 뭐지? 이 뜨거운 공기는.

나는 라스베이거스 호텔 방 안에 있던 네바다주 안내잡지를 집어 들었다. 무심코 넘기는데 붉은 흙으로 된 사막에 코끼리 모양의 바위가 눈에 띈다. 사진 밑에는 '엘리펀트 록Elephant Rock'이라는 설명이 씌어 있었다. 신기하고 이국적이다.

"내일 낮에 여기나 가볼까?"

주황빛이 도는 붉은 흙으로 된 그 바위는 네바다 주립공원 안에

있었다. 공원 이름은 'Valley of Fire', 불의 계곡. 이름을 보고 알아차렸어야 했다. 그곳은 갈 곳이 아니란 것을.

라스베이거스를 출발해 붉은 사막을 한 시간쯤 달렸다. 에어컨을 최대로 틀고 달려도 불 위를 달리고 있다는 느낌은 그대로 전해져 왔다. 화씨 117도, 섭씨 47도. 태어나서 한 번도 경험해보지 못한 날씨다. 주변에 다른 차도 보이지 않는다. 국립공원 입구를 지나 20분쯤 달렸을까. 내비게이션이 목적지인 코끼리 바위에 도착했음을 알렸지만 코끼리는커녕 강아지 모양도 보이지 않았다.

"어디지? 일단 내려볼까?"

"흡!"

"헉!"

모두들 호흡 곤란에 얼굴이 일그러지고, 털 코트를 입은 코난은 더욱 난감해했다.

"여기 오자고 한 사람 누구야!"

"나… 엄마…"

가족들 원성이 하늘을 찔렀다.

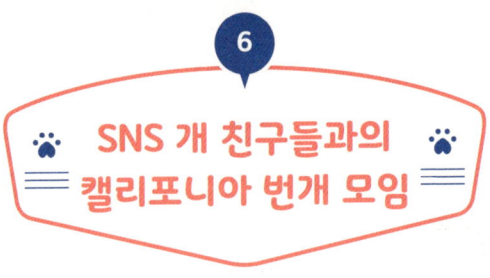

L.A.의 개 친구들을 모으다

한동안 방치했던 SNS에 코난 사진을 올렸다. 소식을 전하자마자 캘리포니아에 사는 휴고 엄마 소피가 댓글을 달았다.

'코난, 보스턴을 떴구나! 캘리포니아에 들어오면 연락줘.'

휴고네와는 1년여 전에 SNS 친구가 되었다. 스스로의 표현에 의하면 소피는 '프랑스 남부 시골 출신'인데, 유학중에 미국인 남편을 만나 결혼까지 해 캘리포니아에 눌러 살게 되었단다. 소피가 꼭 연락을 달라고 했지만 나는 주저했다. 왜냐하면 우리가 L.A.에 머무는 시간은 딱 하루뿐이었기 때문이다. L.A.의 대표적 여행지는 디즈니랜드나 유니버설 스튜디오 같은 곳인데, 우리는 코난과 함께 미국의 자연을 더 즐기고 싶었다. 그래서 L.A.는 네바다에서 캘리포니아의 요세미티로 가는 길에 거쳐 가는 곳으로 일정을 짰다.

'소피, 사실 우리는 일요일 오후 L.A.에 도착해서 하룻밤을 묵고

바로 요세미티로 떠나야 해. 그래서 일요일 오후밖에 시간이 없어. 어쩌지?'

그러자 곧 답장이 왔다.

'그럼 일요일 오후에 만나면 되는 거지? 친구들을 모을게.'

정말 화끈한 친구였다. 추진력도 대단했다.

'포스터를 만들자. 코난 사진 좀 보내봐.'

그러더니 내가 사진을 고르는 사이 벌써 코난 SNS 계정에서 사진을 한 장 가져다가 포스터를 만들어 올렸다.

<코난과 함께하는 비치 파티>

코난이 L.A.에 온다!
7월 16일 일요일 오후 1:30
장소는 롱비치에 위치한 로지스 도그 비치!

잠시 후 댓글이 달렸다.

'코난 가족을 빨리 만나고 싶어요. 홀리와 랭글러 참석이요!'

'와우! 애플도 가겠습니다.'

'미보도 갈게요!'

'정말 기대돼요. 코난에게 사우스 캘리포니아의 개 커뮤니티가 얼마나 멋진지 보여줍시다!'

알고 보니 소피는 사우스 캘리포니아 골든 리트리버들의 모임을 이끄는 회장이었다.

"정말 휴고와 친구들을 만나는 거야? 빨리 캘리포니아로 가자."

쌍둥이는 개들의 비치 파티 이야기에 당장 네바다를 떠나고 싶어 했다.

사막을 떠나 캘리포니아로

라스베이거스를 떠나는 날 약속에 늦지 않기 위해 우리는 아침 일찍 짐을 싸고 8시 반에 호텔을 나섰다. 사막 위에 세워진 뜨거운 도시에서 한시라도 빨리 탈출하고 싶었다. 코난은 말할 나위 없었을 것이다.

'Welcome To California'

캘리포니아의 웰컴 표지판이 우리를 반겼다. 미국에선 주州 경계를 지날 때마다 개성 있는 환영 표지판이 방문객을 맞으니, 그걸 사진으로 남기는 것도 소소한 즐거움이지만 차를 세워 사진 찍는 여유를 부릴 수가 없었다. 길이 막히기 시작했기 때문이다. L.A. 쪽으로 다가갈수록 교통체증은 심해졌다. 슬슬 불안해지기 시작했다.

"이대로라면 1시 반까지 롱비치에 도착하는 건 무리겠는데? 온다는 개들이 열네 마리나 되는데, 미안해서 어쩌지?"

"지금 미리 연락을 해. 늦을 것 같다고."

남편이 말했다. 나는 서둘러 소피의 계정에 글을 남겼다.

'네바다에서 달려가고 있는데 아무래도 한 시간은 늦을 것 같아. 미안해서 어쩌지?'

'걱정 마. 너흰 보스턴에서 여기까지 오는데 우리가 그 정도 못 기다리겠어? 애들한테 2시에 모이는 것으로 다시 알릴게.'

소피는 시간 변경 공지를 하고 모임에 나올 각각의 멤버를 태그해 변경 사항을 알렸다. 다행히 2시쯤엔 로지스 도그 비치에 도착할 수 있었다. 잠시 후 아이스박스와 짐을 한 꾸러미 든 소피와 남편 린지가 휴고를 데리고 나타났다.

"믿어지지 않아. 너희를 만나다니!"

우리는 가벼운 포옹을 했다. 코난과 휴고도 서로 엉덩이 냄새를 맡았다. 개 엄마들은 이 역사적인 순간을 비디오로 찍느라 여념이 없었다.

"토르!"

뒤에서 또 한 마리의 개가 나타났다.

"오늘은 토르의 생일이기도 해. 그래서 고깔모자도 준비해왔지."

소피는 대단한 준비정신으로 토르의 생일 소품에, 쌍둥이들 갖고 놀라며 대형 물총까지 챙겨왔다. 개들은 바다로 달려가고 싶어 안달이 났다. 모두들 끌려가듯 모래사장을 걸어가다, '원, 투, 쓰리!' 하고 동시에 풀어주었다. 자유의 몸이 된 털북숭이들이 태평양을 향해 힘껏 뛰었다. 코난은 첨벙첨벙 발을 담그더니 마침내 바다에 풍덩 몸을 던졌다. 실로 역사적인 순간이었다. 대서양을 누비던 코난이 태평양을 섭렵한 것이다. 애플, 캘빈, 홀리, 휴고, 인디, 조이Joey, 미보, 라일리, 라이더, 락시, 세이디, 토르, 랭글러, 조이Zoey가 왔다. 코난까지 모

휴고와 캘리포니아 개 사교 모임을 만든 소피

두 열다섯 마리가 모인 것이다! 감격스러운 순간이었다. 개들은 파도 타기를 시작했다.

캘리포니아의 개 소셜 네크워크

이런 만남이 성사된 건 소피의 적극성과 추진력, 그리고 캘리포니아의 개 커뮤니티에서 쌓아온 인덕 때문이었다. '소캘 골든 리트리버즈 SoCal Golden Retrievers'는 L.A. 중심의 남캘리포니아 개 사교 모임으로, 2016년 소피와 네 명의 견주가 시작했다. 한 달에 한 번 정도 놀이모임을 갖자고 약속한 다섯 견주들의 소소한 약속이, 일주일에도 몇 번씩 하이킹을 하고 연례행사도 하는 거대 단체를 탄생시켰다.

'애로헤드 호수 하이킹. 4월 5일 오전 10시'

소피가 이렇게 공지하면 댓글로 참석 여부를 밝히고 함께 떠나기만 하면 된다. 가을엔 '골디 팔루자 Goldie Palooza'라는 파티를 여는데, 스코틀랜드의 한 행사에 모인 골든 리트리버들의 비공식 세계 기록, 222마리를 깨겠다고 선언했었다. 설마 했는데 2017년 가을, 350마리가 모여 보란듯이 그 기록을 깼다. 소피는 모임을 주관하고 스폰서를 섭외하고, 참가자들을 살피는 그 모든 일을 한다.

코난을 보러 달려온 미보 Meebo라는 친구는 팔로워 3만이 넘는 스타견이다. 보호자는 중국계 아가씨인데, 남자친구와 함께 미보를 키우고 있다. 미보의 인기 비결을 묻자, "미보가 아기 때부터 SNS를 해서 그래요"라는 겸손한 대답을 했다.

"보스턴과 캘리포니아를 비교하면 어때요?"

미보 엄마가 나에게 물었다.

"전 동부를 좋아해서 보스턴 생활이 굉장히 좋았어요. 그런데 캘리포니아에 와보니, 사람들이 왜 캘리포니아, 캘리포니아 노래를 부르는지 알 것 같아요."

"하하, 어쩜 보스턴에서 유학하다 최근에 L.A.로 이사 온 제 남자친구 이야기랑 똑같아요."

남자친구가 옆에서 고개를 끄덕였다. 홀리와 랭글러 엄마는 50대 주부였는데, 우리의 보스턴 생활 및 서부 여행에 관한 이야기들을 물으며 내가 대답을 할 때마다 사근사근한 목소리로, "오, 나이스! 오, 나이스!"라는 추임새를 넣었다. 하이킹과 카약을 즐기는 토르 아빠는 개와 함께하는 아웃도어 라이프에 대해 이야기했다. 한국 출신 엄마 낸시와 미국인 아빠가 키우는 제이크와 조이Zoey는 1만 7천 명의 팔로워를 가진 스타견들이다. 이들은 엄마의 정성으로 생식을 하는 행복한 개들인데 신선한 생고기와 뼈, 생선, 채소를 맛있게 먹는 비디오는 인기가 대단하다.

아빠들은 물놀이 장난감을 쉴 새 없이 던지며 개들과 놀아주었다. 개들은 장난감을 찾아 물고 모래사장에 돌아왔다가 다시 바다에 뛰어들기를 반복했다. 토르의 생일 축하도 하고 단체 사진도 찍을 겸 뭍으로 나오게 하자 개들의 얼굴엔 불만이 가득했다. 소피가 준비한 고깔을 씌우자 불만은 노골적으로 드러났는데, 생일 당사자인 토르의 표정이 가장 안 좋았다. '나한테 왜 이런 걸 씌워!' 코난은 벗어버리려고 애를 썼다. 부리나케 생일 노래를 부르고 토르 아빠가 손수 만들어 온 미니 컵케이크를 하나씩 먹고 나서 녀석들은 1초의 지체도 없이 다시 바다로 돌아갔다.

슬슬 정리할 시간. 물에서 놀던 코난을 데리고 나왔는데 갑자기 구토를 하기 시작했다. '웩, 웩' 하더니 아침에 먹었던 음식물과 바닷물 왕창, 커다란 미역까지 토해냈다. 남편이 봉지를 꺼내 치우려고 하자 소피가 재빠른 동작으로 나서서, 같이 치우자고 한다. 남의 개인데 조금도 더럽다고 느끼는 기색이 없이 토한 것을 함께 치워주었다.

"바다 놀이 처음이야? 소금물을 너무 많이 마셨나보네."

소피와 낸시가 말했다. 나는 코난이 바다 수영을 처음 하는 촌스러운 개가 아니란 걸 강조라도 하듯 말했다.

"바다 수영은 여러 번 해봤는데, 아마 커다란 미역을 먹어서 그런가 봐."

생각해보니 오늘 물놀이는 지금까지의 놀이와는 달랐다. 동부 해안에서의 바다 놀이는 겨울과 이른 봄철에 한정됐기 때문에 바닷가를 뛰어다니거나 조용히 헤엄을 치며 놀았었다. 하지만 여기선 높은 파도를 타고, 물놀이 장난감이나 테니스공을 물어오며 놀았다. 캘리포니아 친구들이 말했다.

"오늘 저녁에 설사를 할지도 몰라. 잘 살펴봐."

설사? 나는 여전히 코난이 토를 한 것은 거대 미역 때문이고, 추가 증상은 없을 것이라 믿고 있었다.

"코난, 네가 떠난다니 정말 섭섭해. 여기 살았으면 좋겠다."

"반겨줘서 고마워. 잊지 않을게."

우리는 소피 가족과 포옹을 했다. 코난에게 귀여운 강아지 모양 장난감과 불이 들어오는 삑삑이 공이 든 선물꾸러미를 안긴 뒤, 소피는 우리가 떠나는 모습을 비디오로 찍고 있었다. 다음날 사우스 캘리포니아 골든 리트리버 계정에는 롱비치를 방문한 우리 가족의 동영상이 편집되어 올라왔다.

'코난, 그는 우리에게 와서 놀고, 헤엄치고, 터그하고, 달렸다. 그리고 떠났다. L.A.에 들러주어서 정말 고마워. 네 여행과 모험을 계속 응원할게. 우린 너와의 만남을 잊지 않을 거야.'

코난이 아니었다면 아무런 연고도 없는 '라라랜드'에서 친구들을 만나고 우정을 이어가는 일은 없었을 것이다. 아쉬운 이별 뒤, 악몽의 설사 사태가 발생한 건 그날 저녁이었다.

비치 설사 사태

산책에 나섰던 남편에게서 다급한 전화가 왔다.

"지금 바로 휴지랑 물수건 좀 챙겨 내려올 수 있어? 큰일났어. 대량 설사야."

이것이 캘리포니아 친구들이 예견했던 설사 사태? 눈으로 보지 않아도 알 것만 같은 참사를 수습하러 얼른 두루마리 화장지 한 통과 물수건을 들고 호텔방을 나섰다. 주차장 옆 개 산책로에는 엉거주춤한 코난 옆에, 남편이 당황스러운 표정으로 서 있었다. 응가봉투로 최소한의 처리만 한 상태였다. 나는 휴지와 물에 적셔 온 수건으로 닦을 수 있는 최대한 깨끗하게 닦았다.

"앞에서 보니까 별로 티 안 나는데?"

"어우, 이쪽 보니까 그렇지만은 않네."

뒤를 보니 엉덩이 쪽 희고 긴 털이 누렇게 변해 있었다. 냄새도 심했다. 하지만 더이상 취할 수 있는 조치가 없었다. 얼른 방으로 들어가 목욕을 시켜야 하는데, 문제는 이동이었다. 멀끔한 호텔 로비를 지나 쥐도 새도 모르게 엘리베이터에 타는 일이 쉽지는 않아보였다. 설사가 묻은 엉덩이가 호텔 직원의 눈에 띄거나 '아유 귀엽네. 만져봐도 되요?'라며 다가오는 친절한 이웃을 만난다면, 그리고 그들에게 고약한 냄새를 선사하게 된다면! 생각만 해도 아찔했다.

"어쩔 수 없어. 코난 뒤를 바짝 마크하면서 따라와."

본의 아니게 나는 코난의 엉덩이를 사수하는 궁딩이 가드 역할을 맡게 되었다. 호텔 입구의 도어맨에게 묻지도 않는데 눈으로 말했다. '우리 아무 일 없어요.' 무사히 정문을 통과한 뒤 최대한 빠른 걸음으로 넓은 로비를 가로질렀다. 안도의 한숨을 쉬며 엘리베이터 앞에 도착해 버튼을 눌렀다. 엘리베이터를 기다리는 그 몇 초가 몇 시간처럼 느껴지는 사이, 세련된 아주머니 한 분이 엘리베이터 앞으로 다가왔다. 우리는 몸의 각도를 조금씩 돌려 최대한 정면을 향하려고 애쓰면서 마음속으로 이렇게 외치고 있었다. '제발 말 걸지 마. 가까이 오지 마.'

"어머나, 정말 멋진 골든이네요."

"(오, 노.) 감사합니다."

순간 '땡' 하고 엘리베이터가 도착했다. 나는 순발력을 발휘해 말했다.

"먼저 타세요."

여인은 고맙다고 하더니 우리를 위해 안에서 문 열림 버튼을 누르고 서 있다. 정녕 이곳에 엉덩이를 들이밀고 밀폐된 공간 안에 냄새를 가득 채워야 한단 말인가.

"사실 저흰 아이들이 내려오기를 기다리고 있어요. 먼저 올라가세요."

"아, 그러시군요. 그렇다면."

진땀이 났다. 우리는 친절한 이웃을 올려보낸 뒤 아무도 없는 엘리베이터에 무사히 탑승, 방으로 입성할 수 있었다. 그 후로도 이틀 동안 설사 행진은 계속되었다. 일반 설사와 달리 굉장히 묽은 상태로 물총을 쏘듯 좍좍 쏟아져나왔다. 일명 '비치 설사Beach Diarrhea'라 불리는 이 현상은, 개의 몸속으로 들어간 고농도의 소금물이 삼투압 현상으로 장 조직 내의 수분을 끌어내면서 생기는 증상이라고 한다. 문제는 심할 경우 피와 점액질까지 섞여 나온다는 것이다. 코난의 대변에서도 피가 나와 놀랐다.

"선홍색 피인 걸 보니 위장은 아니고 직장 근처의 출혈일 것 같아."

남편이 추측했다. 출혈 양이 많지 않아서 병원에 가지는 않고, 부드러운 음식을 먹이며 상태가 나아지기를 기다리기로 했다. 해변 설사 증상을 예방하기 위해서는 바다에서 노는 동안 자주 뭍으로 데리고 나와 쉬게 하면서 깨끗한 물을 마시게 하고, 소금물을 많이 마신 경우 즉각 토하게 하면 설사와 탈수 현상을 막을 수 있다고 한다. 그런 줄도 모르고 세 시간동안 파도타기 하며 장난감 물어오기를 반복했으니, 장난감을 물어올 때마다 짜디짠 태평양의 소금물을 한입씩 삼켰을 것이다. 캘리포니아의 친구들은 경험에 의해 누구나 알고 있는 일반상식을 한국에서는 물론, 동부 해안에 있을 때는 전혀 알 수가 없었다. 환경에 따른 경험의 차이는 개나 사람이나 마찬가지라는 생각이 들었다.

안녕, 샌프란시스코

샌프란시스코에서 출발 준비

7월 말의 샌프란시스코는 한낮의 기온이 17~18도밖에 되지 않았다. 불과 사흘 전에 머물던 라스베이거스와 무려 30도의 온도 차. 시원하다못해 아침저녁으로는 긴팔 긴바지를 입지 않으면 쌀쌀하기까지 했다. 샌프란시스코에 머물기로 한 건 총 닷새였다. 다른 곳에 비해 이곳 일정을 길게 잡은 건 코난의 출국 준비 때문이었다. 국제선 비행기를 타고 한국에 입국하기 위해선 탑승 10일 이내에 수의사로부터 건강진단서를 받은 뒤 이것을 미국 농무부 USDA에 제출해 인증을 받아야 한다. 그래서 이 서류는 보스턴에서 미리 준비할 수 없었다. 만일 출국 직전 서류 준비에 문제가 생기면 며칠 여유를 갖고 해결해야 하기 때문에 조금 넉넉히 일정을 잡았다.

샌프란시스코에는 아는 동물 병원이 없어서, 이곳에 사는 SNS 개 친구 맥스 엄마에게 도움을 청했다. 그녀로부터 두 군데의 병원을 추천받았는데, 그중 시내에 있는 아구엘로Arguello 동물병원에 예약했다. 병원은 아치형 문 위에 무지개가 그려져 있는 아담한 건물이었다. 수의사는 코난의 몸무게를 잰 뒤, 귀도 살펴보고 청진기도 대보고, 몸 이곳저곳을 만져보았다.

"특별히 건강에 이상은 없네요. 약간의 비만 정도?"

수의사가 웃으며 말했다. 그녀는 진찰한 결과와 보스턴의 수의사로부터 받아온 접종증명을 토대로 건강진단서를 작성하겠다고 했다.

"서류에 기재할 내용과 미국 주소, 한국 주소까지 오탈자 없이 기재하려면 시간이 걸릴 것 같아요. 늦어도 점심때까진 될 테니 간호사가 연락하면 받으러 오세요."

다행히 서류 준비는 큰 문제없이 진행되었다. 다음날 건강진단서를 USDA에 가지고 가기만 하면 되었다. 진단서 승인 업무를 하는 USDA의 사무소는 캘리포니아 내에 새크라멘토와 엘 세군도 두 곳밖에 없어서 상대적으로 가까운 새크라멘토에 가기로 했다.

코난의 샌프란시스코 구경

샌프란시스코에는 엄청난 비탈길을 달리는 노면 전차, 케이블카가 있다. 항구에 산책을 나왔다가 밑져야 본전이란 생각으로 물었다.

"개도 탈 수 있나요?"

"입마개를 하면 탈 수 있습니다."

중국계 안내인 아저씨가 무뚝뚝한 말투로 대답했다. 입마개도 없

코난의
미국 서부 여행기

고, 그렇게까지 하고 탈 일은 아니란 생각에 코난을 태우는 건 그만두었지만 한편으로 이해는 갔다. 케이블카는 다닥다닥 붙어 앉은 사람들 앞으로 기다란 봉에 매달려 가는 사람들도 있어서 모든 승객이 밀착해야 하는 구조다. 개를 태우면 다른 승객과 닿을 염려도 있으니 만일의 경우를 생각해야 한다. 나와 아이들은 피셔맨스 워프에서 케이블카를 타고 종점인 마켓스트리트에 내려, 차를 타고 이동한 남편과 코난을 만나기로 했다. 전차는 선로를 따라 어마어마한 비탈길을 오르내렸다. 체감으로는 45도가 넘는 급경사로 느껴졌지만 대개 30도 전후라고 한다. 전차의 종점에서 무사히 만난 우리는 코난과 함께 '세상에서 가장 구불구불한 길'로 알려져 있는 롬바드 거리 Lombard Street 에도 가고, 주차를 한 후 급경사 길에 내려 걸어보기도 했다. 비탈길을 내려갈 때 몸이 앞쪽으로 쏠리자 코난은 당황한 것 같았다.

"정말 코난이랑 같이 탈 수 있어? 신기하다!"

코난과 함께 배를 타는 건 최초의 경험이었다. 샌프란시스코만에서 출발하는 크루즈는 개의 운임이 따로 청구되지 않는데, 짖음이나 용변과 관련된 행동은 주인이 컨트롤할 수 있어야 한다. 피어 Pier 39를 출발해 금문교를 지나 알카트라즈섬, 소살리토를 보고 다시 피어 39로 돌아오는 한 시간의 여정. 코난에게도 딱 적당한 시간이었다. 우리는 총 3층으로 이뤄진 배의 2층 갑판에 자리를 잡았다. 주위를 둘러보니 이번 배에는 코난이 유일한 개 승객인 것 같았다. 우리는 다른 사람에게 방해가 되지 않도록 갑판 가장자리에 서 있었다. 피어 39를 떠난 배는 바다를 가르며 금문교 쪽으로 다가갔다. 코난은 시선이 낮으니 갑판 위에 있어도 밖을 볼 수 없어 답답했던지 킁킁거리더니 배의 옆면에 나 있는 작은 구멍을 찾아냈다. 정박시 배의 앵커 체인이나 로프가 지나가는 호스 홀hawse hole이었다. 코난은 구멍으로 머리를 쑤욱 내밀어 바닷물을 쳐다보았다.

'이거였구나! 짠 냄새가 나는 이유가. 바닷물에서 많이 놀아봤는데. 뛰어들어 수영하고 싶네.' 아마 이런 생각을 하며 물살을 바라보았을 것이다. 아름다운 소살리토를 지나 배가 다시 금문교에 돌아왔을 때, 갑판 위에 서 있던 코난이 갑자기 "멍!" 하고 크게 짖었다. 배 위의 모든 시선이 일시에 우리에게 쏠렸다. "코난 안 돼" 하고 목소리를 낮춰 말하는 순간, 녀석이 앞발 두 개를 들어 올려 배의 난간에 척 걸치고 두 발로 서서 금문교를 바라보았다!

"와하하!" 합창이라도 하듯 사람들의 웃음소리가 터져나왔다. 누군가가 큰 소리로 말했다. "저 녀석, 금문교가 보고 싶었던 모양이네!" 모두들 흐뭇한 표정으로 혹은 낄낄거리며 코난을 바라봤다. 배 외벽은 코난의 키만큼 높았지만 혹시라도 떨어질까 걱정이 되어서 녀석의 허리를 꼭 잡아주었다. 다시 돌아온 피어 39의 데크 위에선 게으른 바다사자들이 몸을 포갠 채 뒹굴거리고 있었다.

코난과 비스킷

금문교의 개 친구들

젊은 시절의 여행은 새로운 곳에 가서 새로운 것을 보는 것만으로 좋았지만, 나이가 들면서 여행지에 만날 사람이 있으면 더 기대가 되고 기억에 남았다. 한술 더 떠서 이제는 '만날 개'가 있으면 더 충실한 여행이 된다고 할까?

샌프란시스코엔 '만날 개'가 있었다. SNS로 알고 지내던 개 친구, 래브라도 리트리버 맥스였다. 맥스의 가족은 중국계 미국인이다. 우리가 묵은 호텔은 한쪽은 금융가, 한쪽은 차이나타운에 면해 있었는데, 맥스 엄마 록산은 차이나타운에서 나고 자라 그곳에 대해 누구보다 훤하게 알고 있었다. 그녀는 우리가 여행하는 중에 시시때때로 샌프란시스코의 볼 것, 먹을 것 정보를 문자로 보내주었다. 맥스네와 더불어 비스킷이라는 꼬마 골든 리트리버 아가씨의 엄마도 연락을 해왔다.

'코난, 샌프란시스코에는 안 오는 거야? 우리 만나야지!'

'L.A.를 떠나면 며칠 뒤 샌프란시스코로 갈 거야. 맥스랑 만나기로 했어.'

'그래? 맥스와 우리도 '맞팔' 하는 친구 사이야. 신난다!'

샌프란시스코 금문교 아래에서 세 마리의 개 친구들이 만난다. 얼마나 낭만적인 일인가. 약속한 토요일, 금문교 아래 공원 크리시 필드 Crissy Field에 도착해 주차를 하고 해변 쪽으로 가는데 한 아주머니가 다가와 종이를 한 장 건넨다. 슬쩍 읽어보니 무슨 법안에 관한 이야기가 적혀 있었다.

"크리시 필드에서 개들의 오프리시를 금지하는 법안을 우리 모두 힘을 합쳐서 막아야 해요."

나는, 열심히 설명하는 아주머니에게 미안해서 고개를 끄덕일 뿐 여기 시민이 아니라 곧 돌아갈 사람이라는 이야기는 하지 않았다. 개와 관련된 입법에 관심이 있어서 아주머니가 준 종이 쪽지를 잘 챙겨 넣었다. 그때였다.

"코난!"

"맥스!"

우리는 마치 영화의 한 장면처럼 금문교 아래에서 조우했다. 맥스는 엄마, 누나와 함께였다.

"이렇게 만나다니 꿈만 같다. 그런데 할 이야기가 있어. 이 녀석, L.A.에서 바다 놀이를 하고 설사가 엄청 심했거든. 이제 겨우 나아졌는데 또 설사를 하면 출국 직전에 문제가 생길까봐 걱정이야."

"그 문제는 나한테 맡겨. 공을 얕은 곳으로만 던져주면 돼."

코난이 샌프란시스코를 떠나면 언제 또 바닷가에서 목줄을 풀고 신나게 뛰어놀 수 있을지 기약할 수 없었다.

"아빠, 마지막 기회인데 코난 바다에서 놀게 하면 안 돼? 응? 부탁이야."

쌍둥이들은 걱정이 많은 남편을 설득했고, 결국 코난에게 바다놀이가 허락되었다. 아이들과 맥스 누나 린지가 개들을 데리고 공놀이를 시작했다. 코난과 맥스는 얕은 바다에 발을 담그고 공놀이를 했다. 잠시 후 비스킷이 도착했다. 비스킷 가족은 샌프란시스코 도심에서 조금 떨어진 곳에 살고 있었는데, 토요일 오후의 지독한 교통체증으로 금문교를 눈앞에 두고도 수십 분이 걸려 발을 동동 굴렀다고 한다.

"코난! 어디 한번 안아보자. 널 이렇게 만나다니 영광이야."

"네가 비스킷이구나. 어머나, 이렇게 작고 귀엽다니. 골든 맞아?"

생후 5개월인 비스킷은 아담한 체구에, 한눈에 봐도 소녀 느낌이 나는 예쁜 골든 리트리버였다.

"비스킷이라면 번쩍 안을 수 있을 것 같아."

나는 책상다리를 하고 앉아 비스킷을 안고 사진을 찍으려다가, 이내 골든의 힘을 간과하고 있다는 사실을 깨달았다. 자그마한 녀석이 버둥버둥 발버둥을 치더니 휙 튕겨나가 어느새 풀밭을 뛰고 있었다. 한여름이지만 쌀쌀한 바닷바람에 추위마저 느껴졌다. 우리는 맥스 엄마 록산이 추천한 워밍 헛Warming Hut 카페로 다 같이 걸어갔다. 그야말로 바닷바람에 언 몸을 녹이는 오두막 카페다.

"금문교 주변에 기념품 가게가 여러 곳 있지만, 난 여기가 맘에 들어. 물건이 제일 예쁘거든."

록산이 말했다. 우리는 샌프란시스코 기념품을 구경하고 따뜻한 커피와 쿠키를 먹었다.

아빠, 마지막 기회인데 코난 바다에서 놀게 하면 안 돼?

샌프란시스코, 만날 개 친구가 있는 곳

"저녁은 맥스 사료 같이 주면 되지? 두 컵?"

"응, 두 컵 정도 주면 돼."

신나는 놀이가 마무리되고, 우리는 코난과 작별인사를 했다. 코난을 맥스네 집에 보내기로 한 것이다.

"걱정 마. 녀석들 피곤해서 곯아떨어질 거야. 늦게 와도 되니 여유 있게 저녁을 즐겨."

이날, 보스턴에서 함께 공부한 남편 친구와 저녁 약속이 있었는데 코난을 맡길 곳이 없었다. 록산에게 데이케어를 물었더니 선뜻 자기네 집에서 맡아주겠다고 했다. 남의 집에 맡긴 적이 한 번도 없어서 혹시 폐를 끼칠까 걱정이 되었지만, 코난이 온다면 정말 기쁠 거라는 말에 보내기로 했다. 맥스네 차에 태우자 코난은 불안한 듯 멍멍 짖었다.

"어서 가. 금방 괜찮아질 거야."

코난이 맥스네 집으로 떠나고 우리는 이탈리아 상점들이 모여 있는 리틀 이태리로 갔다.

맥스네 집은 트윈 픽스에 있었다. 산꼭대기에 있는 개 친구의 집으로 가는 길은 이제까지의 샌프란시스코 비탈과는 비교조차 되지 않을 정도로 좁고 가팔라서 차가 데굴데굴 굴러갈 것만 같은 두려움에 떨어야 했다. 트윈 픽스에선 시내 전경이 훤하게 내려다보였는데, 샌프란시스코의 인구 밀도를 증명이라도 하듯 일본 주택보다 훨씬 아담하고 귀여운 이층집들이 옹기종기 모여 있었다. 벨을 누르자 맥스 누나가

문을 열어주었고, 문틈으로 맥스가 달려 나와 꼬리를 흔들었다.

"저녁 먹고 설사를 아주 조금 했어. 그리고 두 녀석 다 거실에서 놀다가 잠들었어. 엄청 피곤했나봐."

"정말 고마워. 우리 코난을 이렇게 잘 돌봐주다니."

"아유, 맥스랑 잘 놀아서 그냥 데리고 있기만 한걸."

개로 맺어진, 그래서 처음이지만 어색하지 않았던 만남. 또하나의 추억을 남긴 채 우리는 작별인사를 했다.

"안녕 맥스. 혹시 한국에 올 일이 있으면 꼭 연락해."

"코난, 조심해서 돌아가. 보고 싶을 거야. 언제든 샌프란시스코에 오면 우리가 있다는 걸 잊지 마."

트윈 픽스에 주황빛 노을이 드리워지고 있었다. 코난으로 인해 샌프란시스코는 우리에게 만날 사람, 만날 개가 있는 곳이 되었다. 솔트레이크시티에서 시작된 장장 4,800킬로미터의 서부 대장정을 마치고, 우리는 토니 베넷의 노래처럼 샌프란시스코에 마음을 남긴 채 마지막 도시를 떠나왔다.

한국에서 보스턴으로, 미국 동서부 여행과 귀국길까지 포함하면 총 54,800킬로미터의 여행이었다. 왜 그 머나먼 여정을 코난과 함께 했느냐고 묻는다면 나는 이렇게 답할 것이다. 그 녀석과 새로운 곳을 탐험하는 일이 행복했으니까. 코난이 개친구들을 찾아 떠나는 모험을 즐거워했으니까. 그리고 코난은 우리의 영원한 아기 천사, 가족이니까.

에필로그

모든 생명이 함께

여행은 끝났고, 우리는 현실로 돌아왔다. 가장 퍽퍽한 현실에 직면한 건 코난이었다. 유명인의 개가 사람을 문 사건이 발생해 한국에서 개에 대한 민심은 흉흉해져 있었고, 입마개 의무화, 목줄 길이 규제 등의 법안 논란이 끊이지 않았다. 그 무렵 미국에서 개 친구들이 소식을 전해왔다.

- 샌프란시스코의 비스킷 엄마가 뉴스를 알렸다. 금문교 앞 해변에서 개들의 목줄 푸는 것을 금지하는 법안을 국립공원 당국이 파기했다는 소식이었다. 해변에서 쪽지를 건네주었던 아주머니를 비롯해 많은 견주들이 노력한 결과였다. 금문교 주변 주민들은 그들 삶의 일부인, 해변에서 개와 함께 자유롭게 산책할 권리를 지키게 되었다.

- 모터사이클 타는 개, 체스터의 누나 셰이는 한국 출신 입양인과

약혼을 했다. 결혼하면 신혼여행은 한국으로 올 계획이다.

- 텍사스의 발달장애 어린이 디에고의 개 버즈는 테라피 도그 테스트를 통과했다.

- 보스턴의 스피디가 무지개다리를 건넌 후, 매리와 잭 부부는 아이슬란드로 여행을 떠나기로 했다. 매리가 그린 코난 그림이 국제우편을 통해 한국에 도착했다.

- 코난 가족은 체고 40센티미터 이상 개들에 대한 입마개 의무화 법안에 반대하는 집회에 나섰다. 정부는 법안을 재검토하겠다고 발표했다.

    개와 함께한 여행은 우리에게 많은 변화를 가져다주었다. 반려동물은 야생과 도시를 이어주는 매개 역할을 한다. 코난은 우리를 자연으로 이끌었다. 녀석이 아니었다면 같은 시간, 같은 곳에 있었더라도 우리는 전혀 다른 장소에서 다른 경험을 하고 있었을 것이다. 덕분에 우리는 야생과 문명의 경계를 넘나들며 맑은 공기를 마시고 살아갈 힘을 얻었다.

    행복에 대한 생각도 바뀌었다. 치열한 인생도 멋있다. 하지만 나는 거창한 성공보다 저녁 무렵 코난과 함께 동네를 산책하는 소소한 행복에 가치를 두게 되었다. 남보다 더 잘한다고 인정받고 더 많은 돈을 버는 일이 이젠 중요하게 느껴지지 않는다. 대신, 좋아하는 이와 하고 싶은 일을 하면서 보내는 '시간'의 소중함을 새삼스레 깨닫는 중이다. 녀석과 함께 집 주변을 어슬렁거리는 평범한 저녁, 그림 같았던 그곳, 그 시절을 추억한다. 코난도 가끔 그 시간을 떠올릴까? 우리가 함께 웃고 달리고 헤엄친 그 아름다운 순간들이 코난 네 마음속에도 오래오래 남았으면.

인간에게 저녁이 있는 삶이 보장돼야 개들의 삶의 질도 보장된다. 인간과 동물이, 모든 생명이 함께 행복한 세상에서 살고 싶다. 그런 세상을 만들고 싶다.

개와 함께하면 행복한 곳
보스턴 인근

> 산책으로 소확행

🐾 보스턴 코먼 Boston Common

보스턴 중심에 위치해 있으며 미국에서 가장 오래된 공원이다(1634년에 조성). 매년 핼러윈데이 무렵이면 공원 내 개구리 연못Frog Pond에서 '호박등 띄우기 행사'가 열린다. 겨울에 연못은 야외 스케이트장으로 변모한다. 개와 함께 한가로이 산책하거나 피크닉을 즐기기에 좋은데, 나무 근처를 바삐 오가는 청설모들이 많으므로 야생동물에 예민한 개라면 단속을 잘해야 한다.

- **운영시간** 매일 24시간 • **입장료** 무료
- **주소** 139 Tremont Stree, Boston, MA 02111
- **전화** 617-635-4505

🐾 아널드 아보리텀 The Arnold Arboretum

- **운영시간** 해 뜰 때부터 해 질 때까지
- **입장료** 무료, 기부금은 환영
- **주소** 125 Arborway, Boston, MA 02130-3500
- **전화** 617-524-1718
- **홈페이지** www.arboretum.harvard.edu

하버드 대학의 수목원. 캠브리지에 위치한 하버드 대학과는 20분 거리에 떨어져 있다. 다양한 식물이 가득한 공간에서 평화로운 산책을 할 수 있는데, 개를 동반한 가족단위 방문객이 많다.

관광지를 구경하는 것도 좋지만, 시간 여유가 있다면 반려견과 함께 현지인처럼 산책을 즐겨보는 것도 특별한 경험이 될 것이다.

체스너트 힐 레저부아 Chestnut Hill Reservoir
브루클라인 레저부아 공원 Brookline Reservoir Park

보스턴 인근 주민들의 식수원인 저수지들. 저수지 둘레를 따라 조깅하는 사람들 사이로 산책을 즐기는 소확행을 맛볼 수 있다. 육아와 자기관리 중 어느 하나만 택할 수 없어서인지 유모차를 밀며 조깅하는 사람들의 모습은 인상적이다. 계절에 따라 변화하는 자연의 아름다움을 만끽할 수 있다.

체스너트 힐 레저부아
- **운영시간** 매일 06:00-19:00 • **입장료** 무료
- **주소** 355 Chestnut Hill Ave, Brighton, MA 02135
- **전화** 617-333-7404

브루클라인 레저부아 공원
- **운영시간** 매일 06:00-19:00 • **입장료** 무료
- **주소** Route 9 and Lee St. and Warren St. Brookline, MA 02445 • **전화** 617-730-2088

월즈 엔드 World's End

- **운영시간** 매일 08:00 – 해 질 무렵까지
- **입장료** 회원 및 어린이는 무료,
  비회원 어른은 평일 6달러,
  주말이나 휴일 8달러
- **주소** Martin's Lane, Hingham,
  MA 02043
- **전화** 781-740-7233
- **홈페이지** www.thetrustees.org/places-to-visit/
  south-shore/worlds-end.html

힝엄Hingham 지역 바닷가에 위치한 자연보호구역. 이곳은 1800년대엔 농장과 저택이 있는 개인 소유의 땅이었지만, 1960년대에 소유권 문제를 해결하고 보호구역으로 지정되었다. 조용하고 아름다운 산책 코스를 자랑하는데, 나무가 늘어서 있는 마차 길은 산책, 조깅, 승마에 이상적이다. 겨울에는 크로스컨트리 스키도 즐길 수 있다. 목줄을 맨 개들은 산책이 가능한데, 말을 데리고 와 승마를 하려면 1년 단위로 허가를 갱신해야 한다.

페어몬트 코플리 플라자 Fairmont Copley Plaza

> 보스턴 시내 호텔

페어몬트 그룹은 개에게 친화적인 곳으로 유명하다. 코플리 플라자는 1912년에 문을 연 유서 깊은 호텔로, 개와 함께 묵을 수 있다. 럭셔리한 호텔 로비에서 견공 대사 Canine Ambassador인 칼리 코플리 Carly Copley가 손님을 맞는다. 키우는 개와 함께 여행을 오지 못해 애석한 경우, 콘시어지에 미리 예약을 하면 칼리와 함께 산책하거나 시간을 보낼 수 있다. 4인 가족 기준 1박 300달러부터. 개와 함께 묵으면 1박에 25달러의 요금이 추가된다.

- **주소** 138 St. James Avenue, Boston, MA 02116
- **전화** 617-267-5300 • **인스타** @fairmontcopley
- **홈페이지** www.fairmont.com/copley-plaza-boston

호텔 견공 대사 칼리 코플리

햄튼 인 Hampton Inn

힐튼 계열의 모텔. 매사추세츠주에만 30여개의 지점이 있다. 가격은 4인 가족 기준, 무료 조식 제공 1박에 150-300달러선이다. 개를 데리고 갈 경우 청구되는 청소비 조의 추가 요금이 지점에 따라 조금씩 다르다. 개 몸무게를 50파운드(22킬로그램)로 제한한다는 규정이 있는 곳도 있지만, 전화로 문의하면 대개 몸무게는 상관없다는 답이 돌아온다. 실제로 문제가 되지 않았다. 인터넷으로 예약할 경우 개 동반 여부를 체크하도록 되어 있고, 특이사항 표시도 가능해 간편하다. 거의 모든 햄튼 인이 개를 허용하지만, 지역에 따라 개를 받지 않는 곳도 있으므로 사전 확인이 필요하다.

- **주소** 1788 White Mountain Hwy, North Conway, NH 03860
- **전화** 603-356-7736 • **홈페이지** hamptoninn3.hilton.com

뉴턴빌 북스 Newtonville Books

매사추세츠주 뉴턴 센터에 위치한 독립서점으로 코난이 자주 방문하던 곳이다. 바닥이 나무로 된 깔끔한 서점에 개와 함께 들어가는 기분은 색다른 경험이 될 것이다. 개와 함께 책 구경을 해도 아무도 신경쓰지 않는 분위기가 생경하면서도 흐뭇하게 느껴진다.

독립서점들

- 운영시간 월-토 09:00-21:00, 일 11:00-19:00
- 주소 10 Langley Road Newton Centre Newton, MA 02459
- 전화 617-244-6619
- 인스타 @newtonville_books
- 홈페이지 www.newtonvillebooks.com

브루클라인 북스미스 Brookline Booksmith

책뿐 아니라 보스턴 기념품, 선물 코너도 충실하다. 개와 함께 출입이 가능하다.

- 운영시간 월-목 08:30-22:00,
  금-토 08:30-23:00,
  일 09:00-21:00
- 주소 279 Harvard Street, Brookline, MA 02446-2908
- 전화 617-566-6660
- 인스타 @brooklinebooksmith
- 홈페이지 www.brooklinebooksmith.com

미국의 독립서점들은 대개 반려동물 출입을 허용한다.
독립서점의 SNS에는 견공 손님들의 사진이 심심찮게 올라온다.

🐾 토드 홀 북스토어 Toad Hall Book Store

항구마을 록포트에 위치한 사랑스러운 독립서점. 1972년 문을 연 이 서점은, 옛 그래니트 저축은행 Granite Savings Bank 건물을 사용하고 있는데, 건물 뒤쪽은 바다에 면해 있다. 개와 함께 들어갈 수 있을 뿐 아니라, 입구에 뼈다귀 모양의 커다란 공짜 쿠키까지 준비되어 있다. 안에는 지하로 내려가는 나선형의 철제 계단이 있는데, 이 지역 출신의 많은 사람들이 어린 시절 그 나선형 계단을 통해 키즈 섹션으로 내려가는 걸 정말 좋아했었다고 회상한다. 45년간 지역 문화에 중요한 역할을 해온 토드 홀 북스토어는 2017년 말, 안타깝게도 운영난으로 문을 닫았다. SNS 계정은 아직 존재한다.

- **운영시간**   현재 문 닫음
- **주소**   47 Main Street, Rockport, MA 01966
- **인스타**   @toadbooks
- **페이스북**   @loveoftoadhall

애견인들이 지나칠 수 없는 장소가 개 간식, 용품점이다. 펫 스마트나 펫 코 같은 대형 용품점에는 간단한 트레이닝 프로그램과 미용 시설이 갖춰져 있는 경우가 많고, 셀프 목욕 시설이 구비된 곳도 있다. 부활절이나 크리스마스에는 부활절 토끼(코스튬을 입은 사람), 산타 할아버지가 등장해 반려동물과 함께 무료로 사진을 찍어주는 행사도 한다. 계산대의 공짜 간식은 꼭 챙기는 센스를!

반려동물 용품점

블랙 도그 BLACK DOG

애견인들에게 강추하고 싶은 매사추세츠 주 브랜드. 의류, 생활용품, 개 용품을 판매하는데, 심플하고 세련된 디자인이 특징이다. 어느 상품에나 로고인 검은 개 그림이 있다. 30여개의 매장이 있는데, 일부를 제외하고는 모두 매사추세츠주에 있다.

- **전화** 800-626-1991   • **인스타** @theblackdogmv
- **홈페이지** www.theblackdog.com

폴카 도그 베이커리 Polka Dog Bakery

보스턴 인근에 다섯 개의 매장을 가지고 있는 로컬 개 간식집. 대구 껍질로 만든 스틱이 대표 상품이다.

- **인스타** @polkadogbakery
- **홈페이지** www.polkadog.com

엘엘빈 L.L.Bean

- **인스타** @llbean
- **홈페이지** www.llbean.com

메인주가 고향인 브랜드. 신발, 의류, 아웃도어 용품 등을 판매하는데, 엘엘빈의 대표 상품은 1912년에 처음 고안된 '오리 부츠Duck Boots'다. 춥고 눈이 많은 뉴잉글랜드의 겨울 야외 활동에도 발이 젖지 않도록 바닥은 고무로, 윗부분은 가죽으로 만들어져 있다. 매장에 개를 데리고 들어갈 수는 없지만 강아지 침구부터 식기류, 장난감, 간식 등 다양하게 판매한다. 특히 메인주 포틀랜드의 매장에는 꼭 들러보길 권한다.

뉴잉글랜드 도그 비스킷 New England Dog Biscuit

매사추세츠주 세일럼에 위치한 지역 개 용품, 간식 집. 가게에서 직접 쿠키를 굽는다. 규모는 작지만 애견인들이 좋아할 만한 아기자기한 기념품, 질 좋은 개 장난감들을 판매한다.

- **운영시간** 월-목 10:00-18:00, 금 10:00-19:00, 토 09:00-18:00, 일 11:00-17:00
- **주소** 7 Central Street, Salem, MA 01970　**전화** 978-539-8187
- **홈페이지** nedogbiscuit.com

펫스마트

- **인스타** @petsmart
- **홈페이지** www.petsmart.com

펫코

- **인스타** @petco
- **홈페이지** www.petco.com

🐾 와이어드 퍼피 Wired Puppy

> 카페 및 아이스크림 가게

보스턴 시내 뉴베리 스트리트에 위치한 카페. 개와 함께 바깥 자리에 앉아 차를 마시는 것이 가능하며, 혼자 방문해 커피를 주문할 때 개를 데리고 들어가도 별다른 제지를 하지 않는다. 보스턴과 케이프 코드의 프로빈스 타운 두 군데에 가게가 있다.

- **운영시간** 매일 06:30-19:30 **주소** 250 Newbury Street, Boston, MA 02116
- **전화** 857-366-4655 **홈페이지** www.wiredpuppy.com

🐾 제이피 릭스 JP Licks

보스턴의 로컬 아이스크림 가게. 첫 가게를 연 곳의 동네 이름인 '자메이카 플레인'의 J와 P를 따서 이름을 지었다. 하버드 스퀘어를 비롯해 14곳의 상점 모두 보스턴 인근에 있다. 피넛버터와 꿀 소르베에 미니 뼈다귀 비스킷을 꽂은 강아지 메뉴가 준비되어 있다. 개를 데리고 실내에 들어갈 수는 없지만, 야외 파티오 자리에서 사랑하는 강아지와 함께 아이스크림을 즐길 수 있다.

- **인스타** @jplicks
- **홈페이지** www.jplicks.com

셰이크 섁 버거 Shake Shack Burger

매장 안에 개를 데리고 들어가지는 못하지만, 야외 자리가 있는 곳은 어디나 개들에게 열려 있다. 운동경기장, 공항 내 지점을 제외한 모든 매장에 도그 메뉴가 있다. 메뉴는 두 가지인데, 피넛버터 소스와 바닐라 커스터드에 뼈다귀 비스킷을 꽂은 아이스크림 '푸치니Pooch-ini'와 뉴욕의 베이커리에서 납품받은 비스킷 5개가 든 '백 오 본즈Bag O' Bones'이다. 가격은 각각 3.95달러, 7.95달러.

- **인스타** @shakeshack   - **홈페이지** www.shakeshack.com

하버드 대학

대학교

캠브리지에 위치한 하버드 야드에 개 출입이 가능하다. 캠퍼스 내에 '모든 반려동물은 목줄을 매야 합니다.'라는 표지판이 설치되어 있다.

- **운영시간** 매일 24시간   - **입장료** 무료
- **주소** 2 Kirkland Street, Cambridge, MA 02138   - **전화** 617-495-1573

봄날의 보스턴 마라톤

계절별 이벤트

매년 4월 첫째 주 월요일에 열린다. 달리는 사람들 구경하는 게 무슨 재미가 있느냐고 할지 모르지만, 손을 흔들며 응원에 답하는 사람, 숨이 턱까지 차올라 곧 멎을 것 같은 고통 속에서 눈물을 흘리며 달리는 사람 등 다양한 표정을 보고 있노라면 왠지 감동스러워 울컥해진다. 결승점인 보일스턴 스트리트가 아니더라도 동네 길을 통과하는 구간에서 개와 함께 마라톤 구경을 할 수 있다.

- **인스타** @bostonmarathon   - **홈페이지** www.baa.org/races/boston-marathon

🐾 콜비 팜 Colby Farm

해바라기가 아름답게 피는 시기는 9월 초에서 중순 사이. 농장에서 생산되는 각종 채소와 과일, 잼, 아이스크림 등을 판매한다.

- **운영시간** 5월-12월,
  월-토 09:00-19:00, 일 09:00-18:00pm
- **주소** 50 Scotland Road, Newbury, MA 01951
- **전화** 978-465-8818
- **페이스북** @colbyfarmstand
- **홈페이지** www.colbyfarms.com

🐾 핼러윈데이에는 비콘 힐 Beacon Hill

보스턴 인근에서 핼러윈을 맞는다면 꼭 가봐야 할 곳이다. 미국에서 가장 역사적인 마을 중 하나이자 고풍스러운 양식의 집들이 많이 남아 있는 이곳은 10월 마지막 날이면 코스튬을 차려입은 어린이들로 붐빈다. 집집마다 주황, 보라, 검정 핼러윈 색깔로 무시무시하거나 귀엽게 꾸며놓고, 집주인들은 핼러윈 복장에 자원봉사라도 하듯 현관에 나와 사탕을 들고 어린이들을 기다린다. 전철을 타면 쉽게 갈 수 있지만, 개와 함께 갈 경우 자동차를 이용해야 하므로 시내의 엄청난 주차비는 스스로 해결해야 할 과제.

스몰락 팜 Smolak Farms

사과 수확 개와 함께 가을 농장에서 사과를 따는 행복한 경험을 할 수 있다. 개는 반드시 목줄을 해야 한다. 9월초-10월 중순까지. 사과 품종별로 수확 시기가 다르다. 농장 내 상점과 베리 종류를 키우는 밭에는 개 출입이 금지되어 있다.

크리스마스 트리 구입 11월 중순부터. 나무 크기에 따라 가격이 다른데, 원하는 키와 모양의 나무를 고르면 망으로 나무를 돌돌 말아 자동차 지붕에 얹어 고정시켜 준다. 크리스마스 카드에서 보던, 자동차 지붕에 트리를 싣고 달리는 그림 같은 풍경이 연출된다. 매년 겨울, 하루를 정해 뉴펀들랜드 도그 단체가 크리스마스 트리를 수레에 싣고 운반해주는 행사도 한다.

- **운영시간** 매일 08:00-17:00
- **주소** 315 South Bradford Street, North Andover, MA 01845
- **인스타** @smolakfarms
- **홈페이지** www.smolakfarms.com

 크리스마스의 펫 포토 데이

크리스마스를 앞둔 시점, 각 쇼핑몰에서 시간을 정해 펫 포토 데이를 연다. 진짜 산타 할아버지 같은 미국 산타가 반려동물과 함께 사진을 찍어준다. 파일 개수와 프린트하는 사진의 크기, 종류에 따라 20-40달러선. 이국적인 분위기의 사진 한 장은 두고두고 여행을 추억하게 할 것이다.

개와 함께하면 행복한 곳
보스턴 외 지역

뉴햄프셔주

콘웨이 시닉 레일로드 Conway Scenic Railroad

개와 함께 탑승이 가능한 콘웨이 관광 열차는 노스 콘웨이 North Conway역에서 탈 수 있다. 개의 운임은 따로 청구되지 않는다. 가을 단풍 열차와 겨울 눈꽃 열차가 있는데, 코난은 이 열차를 타고 단풍 구경을 했다.

• 홈페이지 www.conwayscenic.com

포 유어 포즈 온리 Four Your Paws Only

뉴햄프셔주 노스 콘웨이에 위치. 가게에서 직접 쿠키를 굽는 규모가 큰 로컬 반려동물용품점이다. 강아지 케이크를 만들 수 있는 퍼피 케이크 믹스도 살 수 있다. 가게에서 개들을 위한 각종 행사가 열린다.

• 홈페이지 www.fouryourpawsonly.com

알바니 펫 케어 Albany Pet Care

맘씨 좋은 신디 아주머니가 운영하는 데이케어 시설. 실내, 실외 운동장이 있는데, 이곳에선 말도 세 마리 키우고 있다. '집 다음으로 좋은 곳'을 표방하며 데이케어, 호텔링, 강아지 트레이닝 및 미용 서비스도 한다. 신디 아주머니는 코난이 다녀간 뒤 줄곧 손글씨 엽서를 보내오곤 했다.

• **홈페이지** www.albanypetcare.com

메인주

아카디아 국립공원 캠핑장 Acadia National Park

아카디아 국립공원 내 시월Seawall, 블랙우즈Blackwoods, 스쿠딕 우즈Schoodic Woods 세 개의 캠핑장이 반려동물을 허용한다.

• **국립공원 입장료** 차 1대 당 30달러 혹은 1인당 15달러
• **캠핑장 비용** 차 없이 텐트 캠핑만 22달러 / 주차+텐트 캠핑 30달러 / 그룹 텐트 60달러
(위 비용은 시월 캠핑장의 경우. 캠핑장마다 가격이 조금씩 다르다.)
• **홈페이지** www.nps.gov/acad/index.htm

푸드 트럭, 바이트 인투 메인 Bite into Maine

메인주 포틀랜드의 포트 윌리엄스 공원Fort Williams Park 안에 있는 푸드 트럭. 메뉴는 로브스터 롤이다. 강아지와 함께 빨간 등대가 보이는 바닷가 공원에서 야외 식사를 즐길 수 있다. 재료인 로브스터, 빵, 버터, 채소 모두 로컬 푸드를 고집한다. 겨울철에서 이른 봄 사이에는 장사를 하지 않으므로 확인 후 방문할 것.

• **주소** 1000 Shore Road, Cape Elizabeth, Maine
• **홈페이지** www.biteintomaine.com

옐로스톤 국립공원

그리즐리 캠프그라운드 Grizzly Campground

옐로스톤 국립공원 서쪽 출입구 바로 앞에 있는 마을, 웨스트 옐로스톤에 있다. 본격적으로 국립공원에 들어가기 전 묵어가는 곳이다. 캠핑카의 크기에 따라 1박에 68-82달러.

- **주소** 210 S. Electric Street, West Yellowstone, Montana 59758
- **전화** 406-646-4466　•**홈페이지** grizzlyrv.com

피싱 브리지 캠핑카 파크 Fishing Bridge RV Park

옐로스톤 국립공원 내의 캠핑장. 옐로스톤 국립공원 내 호텔에선 개와 함께 숙박이 불가능하지만, 오두막(캐빈)이나 캠핑장에선 가능하다. 우리가 묵었던 피싱 브리지 캠핑카 파크는 1박 이용료가 47.75달러였다. 대개 5월-9월 사이에만 운영하므로 확인해야 한다.

- **홈페이지** www.nps.gov/yell/planyourvisit/fishingbridgecg.htm

캘리포니아주 - 로스앤젤레스

헌팅턴 비치 Huntington Beach

L.A.의 대표적인 도그 프렌들리 비치. 파도타기를 하는 멋진 캘리포니아의 개들을 만날 수 있다. 새벽부터 해 질 녘까지 매일 오픈. 주차장은 오전 5시부터 밤 10시까지 운영.

- **주차장 운영시간** 05:00-22:00　•**홈페이지** www.dogbeach.org

로지스 도그 비치 Rosie's Dog Beach

L.A.의 롱비치에 위치한 도그 비치.

• **운영시간** 06:00-22:00

레이지 도그 LAZY DOG

음식을 파는 실내 영업장에 개가 들어가는 것은 법으로 금지되어 있기 때문에, 바깥 파티오 자리에만 개와 함께 앉는 것이 허용된다. 캘리포니아, 네바다, 텍사스, 콜로라도에 20여 곳의 매장이 있다. 로고는 개 발바닥이고 뼈다귀 모양 문고리에 실내 벽면은 개 사진들로 가득해 애견인들을 즐겁게 한다. 개 메뉴가 준비되어 있는데, 현미밥과 그릴에 구운 햄버거 스테이크, 그리고 구운 닭가슴살이다. 가격은 4.95달러.

캘리포니아주 - 샌프란시스코

블루 앤드 골드 플릿 크루즈 Blue and Gold Fleet Cruise

샌프란시스코 만灣을 1시간 동안 돌아보는 크루즈. 개와 함께 배에 탈 수 있는데, 개 요금이 따로 청구되지는 않는다. 용변 문제와 짖음은 견주가 통제할 수 있어야 한다.

• **홈페이지** www.blueandgoldfleet.com

부댕 베이커리 카페 Boudin Bakery & Cafe

샌프란시스코 만 피어 39에 위치한 베이커리 카페. 클램차우더와 크랩 베네딕트가 유명하다. 각종 샌프란시스코 기념품도 판매한다. 개와 함께라면 실내엔 들어갈 수 없고, 야외 파티오 자리에서 식사가 가능하다.

- **홈페이지** boudinbakery.com

크리시 필드 Crissy Field

금문교 아래에서 바다놀이를! 생태계 보호를 위해 목줄 푸는 것을 금지하는 구간도 있으니 표지판을 확인해야 한다.

힐튼 샌프란시스코 파이낸셜 디스트릭트 Hilton San Francisco Financial District

힐튼 샌프란시스코 에어포트 베이프론트 Hilton San Francisco Airport Bayfront

힐튼 계열 호텔은 대부분 개에게 친화적이다. 샌프란시스코 여행 중엔 시내 한가운데에, 출국 전날은 공항에서 가까운 지점에 묵었다. 체크인 카운터엔 강아지 비스킷이 준비되어 있다. 미국 여행 시 호텔 예약을 할 때, 도그 프렌들리 호텔 체인을 하나 정해두고 목적지에 맞는 지점을 찾는 것도 숙소를 정하는 좋은 방법 중 하나다.

트래블 도그
코난의 여정

1년 동안
미국 곳곳에 찍힌
코난의 발자국

골든 리트리버 코난,
미국에 다녀왔어요

초판 1쇄 인쇄 2018년 9월 4일
초판 1쇄 발행 2018년 9월 12일

지은이 김새별
펴낸이 고미영

책임편집 고미영	펴낸곳 (주)이봄
편집 이승환 최아영 서은숙	출판등록 2014년 7월 6일 제406-2014-000064호
디자인 위앤드	주소 10881 경기도 파주시 회동길 210
마케팅 정민호 한민아 최원석 안민주	전자우편 yibom01@gmail.com
홍보 김희숙 김상만 이천희	팩스 031-955-8855
제작 강신은 김동욱 임현식	문의전화 031-955-1909
제작처 영신사	

ISBN 979-11-88451-28-9 03800

• 이 책의 판권은 지은이와 (주)이봄에 있습니다.
  이 책의 내용의 전부 또는 일부를 재사용하려면 반드시 양측의 서면 동의를 받아야 합니다.
  이봄은 (주)문학동네의 계열사입니다.

• 이 도서의 국립중앙도서관 출판시도서목록(CIP)은 서지정보유통지원시스템 홈페이지
  (http://seoji.nl.go.kr)와 국가자료공동목록시스템(http://www.nl.go.kr/kolisnet)에서
  이용하실 수 있습니다. (CIP 제어번호: CIP2018028338)

• 잘못된 책은 구입하신 곳에서 바꿀 수 있습니다.

springtenten **yibom_publishers**